股市

寫日記

大贏家

10萬 暢銷版

12年獲利19倍 從5000萬到10億

陳進郎著

目錄

contents

第二篇　技術分析撐起我的一片天

第三篇　態度決定財富高度

推薦序

小兵也可以立大功

《今周刊》董事長　謝金河

我們讀過很多投資大師的著作，例如德國投資大師科斯托蘭尼所寫的《一個投機者的告白》，或者是汗牛充棟巴菲特投資經典名著，或是日本投資大師是川銀藏一生投資的豐功偉業，但這些大師都太偉大了，要追隨這些大師而成為股市高手，造化因人而異。不過這次

《今周刊》出版《股市大贏家——我用K線寫日記》，介紹陳進郎先生過去十二年投資獲利十九倍的投資心法，正是一本透過個人實戰經驗，把個人一生獲利的投資心法，毫無保留公開的最佳投資經典之作。

陳進郎把他這一生，從服兵役後時，媽媽買東元套牢，從此矢志鑽研股票，一場突如其來的車禍，更堅定他要以研究股票，投資獲利拿回人生發球權的志向。他沒有赫赫頭銜，他個性內向，不喜歡出鋒頭，更謝絕外界的應酬，專心研究股票，結果精益求精，讓他成為股市大贏家。

一般成功的人，總是把贏家祕笈，視為不傳之祕，但是陳進郎卻樂於與別人分享，他從股市圓夢的四種力量談起，從劍（知識）、寶石

（資金）、鏡子（省思），到火焰（練習），再到技術分析的鑽研，最後把他最拿手的看盤心法拿出來與大家分享。這是一本既實用，又能激勵人心向上的好書。

回頭看陳進郎之所以能成為一個成功的投資者，第一個特質是專注，他把研究股票當成他生命的全部，他說他從來沒有空手過，連作夢都會夢到股票，即使有應酬，他也要把所有功課都做完，還有他全程看盤，不錯過任何機會，這樣的專注力，即使是擁有團隊的法人，戰力也不見得能跟他比。

其次是他自我定位清楚，他選擇到投資公司上班，然後很專注地研究，為自己的人生開出燦爛花朵。他心無旁騖，全神貫注，以研究股票為人生目標，這給了喜歡抄近路，到處打聽明牌的人更多啟發。

事實上，當一位專業投資人是很福氣的一件事，因為投資股票是唯一可以因為人為努力提高獲勝機率的一種賭注，也許有人喜歡打牌，玩接龍，或是熱中賭六合彩，這其中運氣成分太多，而股票研究是既科學，又可因為個人努力提高獲勝機率。陳進郎廢寢忘食，努力研究，這是他成功的不二法門。

還有在茫茫股海中，你買了誰賣出來的股票，或是你高檔賣出來的股票，被誰接走了，你都不知道，因此，在股海中，不管買進或賣出，你都可以坦蕩蕩，而且，專業投資人可以選擇在公司業績大成長來臨之前進場，或是在業績大衰退之前退場，行動便捷，不像經營者，不論是公司經營好壞都必須承擔。

最重要的是金融操作沒有年齡、體能的限制，不像任何體育項目，超過一定年齡，體能一定會退化，做投資可以做到斷氣之前的一剎那，優遊自在，其樂融融，陳進郎期待每天都開盤，我可以想像他的心情。

我與陳進郎的哥哥陳進堂是多年相交好友，陳進郎是我的小老弟，他在股海中找到寬闊的一片天，今天他要把他這一生投資獲利的心血結晶公諸於世，我拿到他的手稿，即一口氣讀完，這是一本人人都可「有為者亦若是」的好書，值得大家拜讀。

推薦序

拿回人生發球權

前　國巨電子大中國區業務總經理　筆名／千藝士
現爲「姐不是生小孩　姐是重生」粉絲專頁版主

第一次聽陳進郎說，學習做股票就像學開車，可以透過機械化的操練而駕輕就熟，要賺大錢有一定的脈絡可循，我十分吃驚。就像我看到一位日本老先生渡邊彌榮司，倡導生命長短自己決定的《我要活到一百二十五歲》的書名時，一樣斥為瘋狂。我想，這種勵志的概念說說可以，真要實踐，未免是阿甘式的標語。

直到深入了解陳進郎的工作方式與操作細節，以及觀察各行各業成功人士的共同祕訣，現在我也堅信陳進郎這套股票操作方法不只是概念，而是一套執行守則，更是一套清楚的工作態度與操作紀律。你操作得愈熟練，回收也愈多。而且一開始就得認定，操作股票與其他專業一樣，不能借助外力隨機的協助，而是要從不斷練習中摸索出自己的一套方法。這種實戰推衍的方法以及紀律，不只在股市應驗，也適用於各行各業的專業投入，甚至包括各項運動與技藝的精進。

把這種按部就班、實戰經驗中淬練原則的方法繼續延伸，其實也就是前述那位日木先生渡邊彌榮司所倡導的「活到一百二十五歲」的實踐方法。他吃七分飽，每天練習柔軟操，生命不同階段都追求不同生存意義，活得有紀律，生命很帶勁。最重要的是，他堅信壽命長短的決定權在自己手上，他的生活紀律與樂觀前瞻的活力也呼應著他堅決的信念。

我與陳進郎認識多年，偶爾晚上在飯局上碰面，我們向他打聽明牌，他總是講了一些附帶前提的看法，就是不直接痛快給個答案；每到九點左右，當眾人酒酣耳熱之際，他開始看錶，準備回家做功課。他不像坊間分析師夸夸其談做預言大師，他認為自己充其量只不過是技師，只能邊做邊看邊修正。他的勤奮和紀律不亞於運動員的千錘百鍊，難怪他在看了上百萬次的線形圖之後，常常會有「趨勢這麼明顯，別人怎麼看不出來」的驚訝。

對照渡邊彌榮司之於生命，陳進郎之於股市，一般人採取的是截然不同的態度，還很阿Q的自我解嘲，這是所謂的「死生有命，富貴在天」。對於股市，我們堅信「千線萬線不如內線」；對於財富，我們認同「小富由人，大富由天」。我們窮算命、富燒香，每天問的是「何時會出運」、「哪裡找貴人」，把人生的大富和大限，交給隱晦的天命與茫茫的機運，寧可要運氣而不要方法，寧可求人而不求己。

說穿了，或許是因為懶惰，也可能是因為害怕失敗，我們其實不願碰觸人生或者股市更深層的一面，也不敢去爭取更好的結果。就像本書中所提的，多數時候我們在股市（或者長壽）操作的定位是不敢贏，卻也不認輸，反正失敗都有藉口，都是別人錯，是政府的錯，是命運的錯，或基因的錯，這也真正呼應了陳進郎在本書中所說的「大贏家原本只是一個精益求精的小贏家，大輸家原本只是一個一錯再錯的小輸家」。這個輸家贏家，應用在股市、事業、健康、長壽皆然。

不過，就如股市大贏家與健康長壽的祕訣一樣，雖然是人人可實踐的平常道理，但耐性、毅力與仔細度的決勝關鍵卻在良好習慣的建立。一如本書付梓過程，用字字珠璣來形容作者陳進郎對文字的琢磨與要求絕非過分。本書一字一行都是陳進郎的心血結晶，一如其股市操作的嚴謹態度，他對每篇文章內容、段落標題，甚至標點符號都是琢磨再三，全文上上下下反覆研讀、仔細校正，謹慎周延常人罕見。這樣的人，成功不是偶然，原來他每件事情，總是掌握主動的發球權，不是被動的等著所謂專業人士或偶然的外在力量協助。本書不單是概念式的勵志書，也不只是教條式的技術分析書，而是一本經驗老到、透析人性的精采好書。

閱讀本書，不但讓你了解如何掌握股市，也讓你對掌握人生有更深的啟迪。我非常有幸，在陳進郎著書過程中參與討論、校正以及文章的修訂，這本書對我的工作以及人生都有深刻的激勵作用，相信對你也是。

謝辭

年少時，我夢想成為作家，曾經，心目中的第一志願是中文系。看多了成名作家的文章後，我自嘆弗如，於是在就業的考量下，選擇了理工科系，後來，陰錯陽差踏入股市，但心中對於寫作一直念念不忘。沒想到在股市打滾了十多年後，竟然可以重溫寫作的舊夢。回顧這一切，我要感謝的人實在太多了，在此我只能選擇幾位關鍵的人聊表心意。

首先，我要感謝我公司的負責人蔡麗珠小姐。她在我車禍受傷拄著柺杖、找不到工作時，錄取了我，還安排我住在公司。共事十多年來，她從未對我講過一句重話，從不過問我進出什麼股票，還允許我操作自己的部位。民國九十三年底，我因為個人生涯規畫而離職時，再三地向她道謝，她很客氣地說：「我又沒教你什麼！」但我知道，她在我很年輕的時候就給我一個舞台，讓我可以自由發揮，不斷的和別人競技，而這正是股票投機成功的基礎。

我也要感謝財訊傳媒董事長謝金河先生。從剛進入股市，我一直是「謝金河講座」的忠實聽眾，直到今日，我偶爾還會回到謝社長的講座充電。承蒙他闢出《先探》週刊的版面讓我發表文章，更讓我覺得受寵若驚。

我還要謝謝《今周刊》團隊，梁永煌社長找我出書，對我是莫大的肯定，我也很榮幸能與《今周刊》這麼專業的團隊合作，尤其是編輯陳怡甄小姐。

接下來，我要感謝史蒂華小姐。她在這本書所花費的時間，夠她自己寫一本更棒的書。嚴格地說，這本書是我與史蒂華小姐的共同著作，從文章架構、內容裁剪到文字落標，她都全程參與。在我自覺文章洋洋灑灑、自鳴得意時，她會適時修正我的遣辭造句，告訴我真性情才是好文章；在我面臨寫作瓶頸、無法適切表達自己的觀點時，她會推薦其他領域觀點相近的好文章，來激盪我的思路；尤其當我在股市失利時，要不是她的加油打氣，我實在沒有心情寫作。我很驚訝地發現，我在操作失利時寫的東西反而更能引起讀者共鳴。總之，史小姐是這本書的指導教授，幫我釋放出寫作的能量。

另外一位貴人是昇豐證券副總黃釧珍先生。原本我最沒信心的就是基本分析這一部分，還好，他填補了我的不足。曾任《工商時報》科技組組長的他，對電子產業的精闢見解與趨勢研判，讓我更加了解產業面，能夠適時地換股。

我還要感謝我的哥哥陳進堂先生。他的交遊廣闊，透過他的引見，我認識了一些其他行業的成功人士，歸納出成功專業者的共通特質。而他經營那魯灣職棒的經歷，更是我最好的寫作顧問，讓我對業餘運動者與專業運動者能明顯區隔，得以在本書中用專業運動員作為比擬的對象，讓讀者能淺顯地了解我想要闡述的股票經。

我還要感謝幾個很要好的朋友，他們對本書的出版充滿了期待，也提供很多協助，包括徐禎傳先生、警專甘國正教授、康和證券北一區督導洪明男先生、瑞士銀行曾慶瑞先生、畫家林俊慧先生、魏亮先生以及趙娟娟小姐。

民國九十二年，我參加《財訊》徵文比賽獲得第二名後，陸續在《先探》週刊發表文章，非常感謝那些來電討論的讀者，你們擴大了我的視野，讓我進一步了解操作時的癥結所在。這本書前前後後共花了我四年的時間，書中提到的問題，大多是二十年來我最困惑的問題，也整合了一般人常見的問題，我真希望二十年前就可以看到這樣的一本書，這樣就能少走很多冤枉路，相信讀者看了本書後，一定能有所啟發。

自序

我在股市圓夢的四種力量

贏家碰到困難時，思考該如何走下去
輸家碰到困難時，思考該不該走下去

日本人關注三種力量：劍、寶石和鏡子。在各個領域，劍除了代表武器，更常象徵資訊和知識的力量，寶石象徵資金的力量，鏡子則是自知和省思的力量。我還關注第四種力量：火焰。在股市，我用火焰代表不斷的練習。法國大文豪雨果曾用火焰來形容閱讀的好處，我把他名言中的「閱讀好書」修改成「不斷練習」，他的名言於是變成「各種愚蠢之事，在每天不斷練習的影響下，彷彿在火上燒烤，逐漸熔化。」

點燃投資的火苗

一、知識（劍）和省思（鏡子）的力量。

民國七十六年九月，我的母親禁不起周遭朋友陸續在股市賺錢的誘惑，終於下定決心在九十元價位買了五張東元電機。說也奇怪，原本遍地黃金的股市，在她進場後，竟成了吃人的市場。當時我正在當兵，月薪只有七千多元，而這五張東元電機每天跌價的損失，有時竟然超過一萬元，不只母親難以承受，連我每天醒來，都希望這只是一場夢。

沒想到這個錯誤的開端，竟造成了我人生的急轉彎。為了報一箭之仇，我開始涉獵報紙證券版和一些速成的股市賺錢祕笈，從此沉迷於想要破解股價漲跌的祕密。

民國七十七年報禁解除，我無意中發現了新上市的《財訊快報》，其內容中竟然有我最想知道的經紀商進出表，我的軍旅生涯從此鮮活了起來。

白天，我忙著帶兵操練，晚上，我投入另一種形態的操練。我滿懷期待地搭乘客運車前往市區買來《財訊快報》，透過經紀商進出表研判主力的動態。做完沙盤演練，我有時候會打電話回家，請家人在隔天開盤前幫我掛進股票。當時只覺得好玩，壓根兒沒想到這樣的訓練，替我日後的專業之路打下了良好的基礎。

民國七十八年，我趕流行的加入股友社，體驗了散戶螞蟻搬象的力量，後來也曾追隨主力內圍人士進出股票，結果都是先甘後苦。直到民國七十九年台股崩盤後，我才真正了解到自己所學的不足，於是參加了技術分析研習課程。我從這些課程中學到的知識，有些後來經證實是不對的，有的從未派上用場，但在那個言必稱主力、以炒股為尊的年代，這些課程就像領航者，引導我結合基本分析，走到正確的方向，避開股海中的暗礁。

我也廣泛閱讀投資相關書籍，以股市大師為借鏡；我更以股市的鏡子為師，從股票的報價中得到啟示。我覺得股市就像職業運動，數據就是一切，因此，做不好時，和市場爭辯沒有意義。

我們要先順從市場，才能貼近市場，貼近了市場，市場自然而然會告訴你問題出在哪裡，又該如何修正。

我不但從失敗中學習，也從成功中學習，即使是賺錢的操作，我想看看能不能做得更好，我的操作模式也日益成形。

即使操作模式成形了，我的表現還是時好時壞，我不能預知明天的我，會是所向無敵還是不堪一擊？我納悶：是不是方法失靈了？這時我渴盼高人指點迷津，採信似乎能解答複雜狀況的簡單語言。但事後總是證明，股市裡沒有任何人，正如我期待中那樣的神準，而我的問題不在於方法而在心理。

我的心思太過複雜了，以致分心而亂了步調。我本來短線做得好好的，卻認為改做長線說不定會更好；我有時覺得自己不該犯怎樣的錯，但那經常只是事後諸葛……至於我那千錘百鍊過的方法，雖然不完美，卻可能是許多不完美方法中最適合我的。我要做的不是改變交易方法，而是調整自己「什麼錢都想賺」的心態，然後找回自信和專注。

成功伴隨失敗

二、寶石（資金）的力量。

一滴水如何能不乾涸？宗教家的答案是「讓這滴水流入大海」。當它回歸到一個大的整體時，將會永遠存在。依此類推，「如何讓一塊錢不消失」的答案，就是讓這一塊錢回歸到金融體系，例如：把錢存到銀行或買保險，但我認為這些方法保守有餘，開創不足。

一接觸股市，我就找到答案了。沒錯，就是把錢投入股市。我不會滿足於百分之五的年利率，我要讓我的錢更有爆發力。我當然知道高報酬意味著高風險，但年輕就是跌跌撞撞的本錢。

常有人問我，賺錢時該不該把賺來的錢抽出一部分存起來或花掉？我覺得這要看每個人的個性、自信心和操作額度而不同。當手氣好、市況佳，一而再的得逞，讓原本賭性堅強的我信心倍增。這時，我沒有「持股幾成」的問題，只有「錢夠不夠交割」、「融資額度爆掉了沒」的問題。而且，我兵行險著，主打上升角度陡峭的攻擊股。即使年度報酬率已達三、四成，我不會為了保持戰果而放慢腳步，但如果價格沒有按照我的研判走，我也會減碼。原則上，當整體獲利提升時，我隨之增加持股比重，直到沒錢加碼，反之則減量經營。

這樣地勇往直前，讓我用標會所得的十五萬元，在野戰部隊的一年半期間，用遙控的方式，迅速賺了兩百萬元。我想退伍後天天可以看盤，豈不是如魚得水，於是才剛退伍，就訂了一戶總價一千萬元的預售屋，我要股市替我埋單。

沒多久，台股自一二六八二點下跌，我在股市節節敗退，而房價的下跌又再捅上一刀。我面臨是否要放棄這戶預售屋的抉擇。當時我已繳了七十萬元的期款，如果違約，只能拿回所繳款項的一成，這對剛出社會的我，是一筆巨額的虧損。幾經掙扎，我還是痛下決心選擇違約。

幾年後，我上技術分析課程時，碰到一位眾所公認的好老師。他不諱言自己在股市沒有賺到錢，他消遣自己：「房貸的壓力讓我輸不起，我永遠在等更低的股價。當指標發出買進訊號，進場的念頭一浮現，我的心跳加速、血壓升高，全身的每一個細胞都在與我唱反調，我的技術分析敗給了自己的神經兮兮。」

我更加確定，我當初放棄了那戶預售屋，可能是我人生中最正確的抉擇之一。

我覺得對於資金不是很充裕但有企圖心的人，不必為了生活的安定感而買房子，而應本著機會成本的觀念，集中火力在股市拚經濟。因為房屋買賣缺乏流動性，不能迅速累積經驗，而且房屋的總價高，不允許我們犯錯；當我們的財力有限時，也不必強求「資產配置多樣化」，而應簡化投資項目，才能集中力量。

即使房市相當看好，有限的資金也不該流向房市，而應該流向更好的投資機會，例如買進營建股，因為就台灣經驗，房價漲三成，營建股股價漲三倍。

對於股市，我知道得越多，卻發現自己不懂的地方更多。

學而時習之

三、不斷練習（火焰）的力量

基本分析和技術分析是我研判行情的兩大思考坐標，但不管是基本面或技術面，其中涉及的因素或指標何其龐雜，何況還要將基本面和技術面整合。因此，在講求快狠準的股市，我需要一個簡化的過程來鎖定重點，我體會到能否以簡御繁的關鍵就是「學而時習之」。

我每天看最新的股市資訊，研判大盤及類股的走勢，並觀察所有上市公司個股的籌碼歸宿與線形走勢。後來，上市公司的家數暴增，我沒辦法每支股票都看。我除了手上的持股，還從法人進出較多的個股、線形較佳的類股和次類股，以及當時有重大訊息的個股中，尋找觀察的標的；即使到今天，我每天盤後至少花兩個小時做功課。

「跳水皇后」郭晶晶的視力只有零點二，她說：「跳水時我不會戴上隱形眼鏡，站在跳板上幾乎看不到板頭，全是憑感覺做動作；摘下金牌的這套動作，我反覆練了十年，雖不到爐火純青的地步，但自己較有把握，成功率較高。」郭晶晶跳水的直覺不是與生俱來，而是知識和經驗大量累積到潛意識中，適時爆出的能量。

做股票如同跳水，沒有天生贏家，惟有以科學的方法，不斷的操練和思考，才能形成趨吉避凶的直覺。我不像郭晶晶選擇高難度的動作，我的手法樸實無華卻相當扎實，同樣做到了行雲流水般地流暢。

股票上千檔，怎麼挑

我從不斷的操練中省思，慢慢能夠統御知識和資金的力量，建立起系統化的操作模式。**我每天鎖定的對象，以當時具有重大營運訊息的個股和當天盤面最強勢的個股為主，用技術分析來評估個股未來短期內可能的相對漲速，作為汰弱換強的依據。會持續大漲的股票，我不惜追高，我特別注意領先創近期新高或即將漲停的個股。**在資金有限下，手上弱勢的股票，不管是翻黑或賠錢都要賣出；就像打撲克牌，你不可能每一把牌都跟，你要用好牌贏的錢來彌補壞牌認賠的錢。

我在實戰中結合劍、寶石、火焰和鏡子這四種力量。我用資金（寶石）來驗證我得到的資訊和知識（劍），經由不斷的淬煉（火焰）和省思（鏡子），我的知識質量與日俱增，如同烈火燒煉後越磨越利的劍，我越來越有自信地斬斷心中的迷思，越來越能從龐雜糾結的資訊中切割出關鍵部位，甚至能夠靈光一閃的對行情形成洞見。我的股市夢逐一落實，但對於股市，我知道得越多，卻發現自己不懂的地方更多。

第一篇

沒有天生贏家

我一開始接觸股市，就知道這是我要走的路，因爲它帶給我遊戲的心情和自由夢。在股市我不必死背規則，不必朝九晚五，用不著與太多人打交道。如果能在年輕時就追求到財務自由，我更不必像大多數人必須等到年老或生病才辭去工作……。

第一課
從好玩走向專業

贏家集中力量
輸家分散力量

根據多年來的摸索和見聞，我覺得不論從事什麼行業，專業化是通往成功唯一的路。要達到專業化的三個必要條件是「ＡＳＫ」，Ａ代表態度（Attitude），Ｓ是技能（Skill），Ｋ則是知識（Knowledge），但**態度**貫穿其中。知識要淵博、技術要精鍊的要訣就是**累積**，但除非我們對從事的事務具有無比的熱情，否則我們怎麼可能日復一日、年復一年，心甘情願地做同樣一件事？因此，專業一開始往往出於好奇，然後因為好玩而持續。

從「好玩」出發　作自由的夢

我一開始接觸股市，就知道這是我要走的路，因為它帶給我遊戲的心情和自由夢。

股市之於我，猶如甲子園之於日本青棒球員。甲子園棒球賽一開打，日本職棒相形失色，漫畫家、編劇、小說家湧到這裡，體驗神鬼戰士們一戰定生死的震撼，尋找創作題材。對我而言，股市就像甲子園棒球賽，充滿了灰姑娘的傳奇和戲劇的張力，同樣靠實力說話，也很快就可以知道輸贏，但股價變動的原因更耐人尋味。做股票讓我體會到古希臘哲學家柏拉圖所說「**生活必須像遊戲**」，也帶給我恍然大悟的驚奇。

做股票還帶給我快樂的最基本條件，即是自由。在股市我不必死背規則，不必朝九晚五，用不著與太多人打交道。如果能在年輕時就追求到財務自由，我更不必像大多數人必須等到年老或生病才辭去工作，但我還是會在家做股票，只是不必穿戴整齊，時間的運用也更有彈性。

我贊成接觸股票的年齡越年輕越好，不用養家餬口、沒有後顧之憂的人，更適合到股市闖蕩。而且，就像很多美國職籃球員在受傷之後，才知道怎麼保護自己，然後才成為巨星，早一點踏入受傷無可避免的股市，受傷後復元時間也越快。此外，越早投入股市，一生中碰到的機會越多；經過了充分的訓練，等到成功時，我們的年紀當然也較輕。成功時的年紀越輕，成功的效用越高。

美好的事要趁早開始

很慶幸地，我在當兵時及早發現自己對股市的狂熱而走上這一行，否則如果按照原先的規畫走上行銷路線，工作的性質是要聽命於上司或只能給意見，那即使經過一番折騰，我輾轉進入做股票這一行，還得投入很大的心力才能甩掉以前的慣性，因為「從零到一很困難，但從負到零更困難」。

決定以股票當事業時，親友間不乏這樣的勸退聲：「股票族不勞而獲，社會形象差」，或「某某人把玩股票當正業，所以傾家蕩產」。但我有信心，這些傾家蕩產的人應是用錯方法了吧！

我覺得凡事如果要遷就周遭親友的想法，那事情就不用做了，何況他們經常外行領導內行，甚至說過就忘了。反正「各人造業各人擔」，我只要傾聽自己內心的聲音，忠於自己，並為自己的行為負責。

我換個角度想，既然一般人覺得股票族不勞而獲，普遍對做股票存有「不能當正業」的刻板印象，那麼股市的競爭程度應該沒有想像中激烈。打從一開始我就有預感，可以在股市占有一席之地，因為，雖然我懂得還不多，但別人也懂得不多；我希望趁著競爭較不激烈時，先站穩腳步。

奉行刺蝟原則

做股票除了要有熱情，還需要專注，我奉行刺蝟原則。刺蝟原則就是單純。狡猾的狐狸能想出無數複雜的策略來偷襲刺蝟，但刺蝟總是把自己蜷縮成一個長刺的小球，因而化解危機。思想家以塞亞·伯林在其著名文章《刺蝟與狐狸》中，根據古希臘詩人阿爾基洛科斯的一句話：「**狐狸知道很多事，但刺蝟只知道一件大事**」，把人分成兩類：狐狸和刺蝟。

我們的想法或行為，大致上可分為建設性的和消費性的。一般人具有較多的狐狸性格，他們沒有找到自己覺得重要的價值觀，只想得到短期的好處，對很多事情感興趣，但這些想法或行動缺乏一致的願景，甚至互相矛盾，以致這些原本是建設性的想法和行為，不能匯聚成一股力量。甚至，他們會自動自發做的事，往往都是討好自己的消費性行為或一些雞毛蒜皮的事，無關人生願景。

反觀，刺蝟型的人單純、專注而且堅韌，對他們而言，「找到重要的價值觀」並不是說一定是要立志做大事，而是要摸索出對自己有意義又適合自己的舞台，把自己最好的一面呈現出來。他們知道自己的時間和資源就那麼多，所以不會浪費在無謂的消費行為上，而義無反顧地投資在具有建設性的事務上；他們效法某些商號的負責人經營年老店的心態，堅守住自己最了解的領域，逐步累積競爭力。

爲股票而癡狂

民國七十八年底退伍後，我到一家投資公司應徵，該公司董事長在閒話家常中問我如何做股票，我把參加股友社等的方法詳細告知，也提及當兵一放假，我就回台北聽股市名師的演講，有一回雷伯龍在中山堂演講，我不能請假，還請家人前去聽講再轉述。

我很驚訝竟被錄取了。當董事長告知我日後的酬勞時，我更沒想到有人付那麼多錢，請我做自己喜歡做的事，因此脫口而出：「不用那麼多！」多年後，我疑惑地請問董事長當初為什麼錄用我，他說：「你那時對股市充滿了狂熱，願意為它付出，不像是上班時間才會工作的人。」

為了節省時間，我晚上就住在公司，後來成了家，我用較高的代價在公司旁的商圈租房子，以便能夠機動地隨時到公司工作。我認為做股票必須專業，不能像家庭主婦購物前貨比三家，省了錢卻花費了不少時間。我花時間學習賺錢，甚至為了避免瑣事分神，我還花錢省時間。

我覺得看盤有點像看戲，往往一開盤就高潮迭起，如果事先未能融入情境，常會看得眼花撩亂。所以，前一晚能準備好的功課，我決不會拖到開盤前，每一個交易日，我從起床開始就在跟時間賽跑。我在八點前趕到公司，看完剛出爐的新聞，把要先掛的股票掛好，然後用嚴陣以待的心情等開盤。

能耐比機會重要

我發現操作股票就像經營企業。大多數公司因抓到機會而崛起，也因機會不再而沒落。正如很多人一開始在多頭市場賺了錢，自以為很懂股票，一旦市場翻臉了，就要付出慘痛的代價。

也有些公司由於過度多角化而走向衰敗，因為它們多數的轉投資項目，都是以機會為基準的投資，而不是著眼於該公司的核心競爭力，因此分身乏術。《從A到A^{+}》一書中說得最好，「**卓越的企業多半不是因為機會太少而餓死，而是因為機會太多，導致消化不良而敗亡。**」

這樣的道理，就像我當年在上市市場的操作上了軌道後，由於手上資金暴增，加上未上市股流動性低，以至於別人推薦的未上市股，讓我有一種「現在不買就買不到了」的衝動，我常買到了才去找理由，甚至買到後才知道這家公司在生產什麼產品，結果當然是慘敗。

但這並不表示未上市市場就是票房毒藥，我有一些朋友就長期在未上市市場賺大錢，成敗的關鍵在於有沒有能耐。

我從上市公司和自己的浮沉中得到啟發：就像競爭力決定了公司的股價，競爭力也決定了股票族的身價。在這個多元化的社會，成功的關鍵在於「術業有專攻」。正如比爾．蓋茲所說：「**成功來自於專注在你喜歡而且在行的事務，而非挑戰任何隨機發生的事件。**」

因此，我們要在專業的領域上找機會，而不是撈過界或撈一票就轉檯。如果我們只有在聽到別人報明牌時才進場，後知後覺地追逐機會，只能有一餐沒一餐的；但如果我們發現自己有做股票的潛力，然後擇善固執，把它當成本業，不斷累積競爭力，這樣即使在成熟的市場，還是可以賺到錢。

先進場再找機會

不會游泳的人在水中會恐慌、無法思考，因此要先下水熟悉水性，才能學會游泳。同樣地，我主張先進場，再找機會，而不是等到機會再進場。經過了沒有壓力又不緊張的紙上作業後，我們必須先以小量的金額進場繳學費來熟悉市場。

很多人認為股市沒行情時，在裡頭耗了好幾個月，賺的錢還不如行情好時一天賺的。但如果不長期駐守在股市，怎麼抓得住行情好的那一天？

我認為賺小錢的機會無所不在，只要不斷地觀察和思考；賺大錢的機會可遇不可求，需要智慧和等待。但不管機會大小，有能耐的人才能看到「機會之窗」，有實力才能有驚人之舉。我從賺小錢的磨練中累積賺大錢的能耐，但我會量力而為，以免因為過度重視細節，而忽略了市場的重要變動。

此外，不僅是做股票的態度要專注，我們還必須從積極實戰中測試出一套適合自己的系統化方法，然後改良精進，而不是不停地更換方法，否則就無法累積經驗，而像「神經語言程式學」的訓練師查理，福克納所說的，「**有了六次的一年經驗，而不是有了六年的經驗。**」

從累積中茁壯

大投機家傑西，李佛摩在他的巨著《股票作手操盤術》開宗明義指出，「**投機的競技始終是世界上最具魅力的遊戲。但是這樣的遊**

戲，愚蠢的人不能玩，懶得動腦筋的人不能玩，情緒平衡不佳的人不能玩，妄想一夜致富的冒險家更加不能玩。」除了智商，他提到的適合做股票的條件都和心態有關，他尤其強調「不能妄想一夜致富」，而要按部就班。

我曾在退伍前夕遭遇一場大車禍，體驗了復健過程的艱辛。後來在《新金融怪傑》中看到加里，法利斯的故事，更能感受到「累積」的重要性。

法利斯在慢跑時出了重大車禍，被醫師宣判永遠不能正常走路。但他不願放棄，開始研究復健成功的運動員所具備的核心特質並效法之。法利斯發現，他們相信自己有能力在復健後變得比意外發生前更好；他們積極投入並親自參與，即使只是把冰塊放在紅腫的地方，也不假手他人；他們只拿自己做比較，不會和別人比較。

法利斯知道要先跨出第一步，才能走得更遠，要能走路，才能跑步，「**他從完成每一步的過程中，得到了很大的滿足。在邁向完全復元的道路上，路上到處樹立了里程碑，每到一處里程碑，都帶給他成功的感覺。**」今天，法利斯已經可以照常跑步。同樣地，對股市新手或傷痕累累的股市老手而言，剛進入或重新踏入這個領域時，步伐可以很小，但一定要按部就班，才能逐步累積而脫胎換骨。

玩股票就像做復健最忌躁進，但一般人常低估了影響股市的種種變數，厭煩於研判後市時的種種但書，渴盼一個能提供直截了當的答案並永遠適用的一夜致富術。當初學者問道：「如何做股票？」這通常意味著：「如何輕鬆快速地賺大錢？」

如果還沒準備好，就急著想在股市撈一票，反而會因為急欲表現而失常，就像腿筋還沒拉開的人急著想劈腿，很容易受傷。巨大的財富不是從一進場就開始「一暝大一寸」來的，而是等我們的基本功做好了，能量蓄足了，財富才突然暴增。就像股票打底打得夠久，突破盤整後，常上演噴出行情。

民國九十五年底，股票族之間最時髦的問候語是，「你有『創意』嗎？」擁有創意這支飆股的人令人羨慕，但我認為「有沒有選股的創意」才是根本之道。買到飆股就像擊出全壘打，雖然激動人心，但成功率遠低於擊出安打；擁有**選股的技術和創意而不刻意追逐飆股的投資人，就像一個「安打製造機」，不刻意揮大棒，雖然不常靠全壘打來快速取分，一樣可以靠安打穩健地累積打點。**

僥倖獲得　冷不防吐回去

在股市，急於一飛沖天的人常四處碰壁，而循序漸進的人方向卻越走越清晰。即使有人能一夕致富，背後卻潛藏更大的一夕致貧的危機。因為一下子變得太美好，常讓人消受不了，加上錢來得太快，常讓人把錢看輕。為了重溫勝利的滋味，他將草率地再度進場，而且更勇於投機，但僥倖只是一時，他終將連本帶利還給市場。

根據我的觀察，能在股市成功的有兩種人。第一種人資質駑鈍，但知道自己的斤兩，他們憑著一股傻勁，經過不斷地嘗試錯誤，終於找到了適合自己的操作模式，然後如法炮製。第二種人絕頂聰明，他們一開始操之過急，警覺到這樣不可能致富，轉而學習第一種人。大部分人的資質介於這兩種人之間，不夠聰明也不夠笨，不願花太多時間學一套工夫，所以成就平平。

如果做股票對我們深具魅力，我們也願意窮一生之力來提升對股市的理解能力，那麼或早或晚，我們一定能致富。大多數投資人之所以入寶山而空手歸，甚至被困住了，主要是因為：對股市野心不大，只想得到短期好處，沒機會測試出一套可行的方法；或者，他們有野心卻沒手段，只會沿用一些速成的取巧方法。

綜合這兩點，投資人一開始的態度就已經決定了他們日後的勝負。即使智商普通、學經歷平凡的人也一定能成功，因為做股票的專業知識和技能不是不重要，而是可以學習。

對心態正確的投資人而言，他們找到適合自己的舞台，然後全力以赴；他們不會妄想一上路就登上高峰，無懼重重險阻，對股市的熱忱，讓他們從跌跌撞撞中走出自己的路。

第二課 能輸才能贏

輸家不敢贏、不認輸，所以賺小錢、賠大錢
贏家拿得起、放得下，所以賺大錢、賠小錢

剛進入股市，我全憑感覺做股票，偶爾樂翻天，偶爾無語問蒼天，大部分時間，我的情緒在期望和恐懼的區間震盪，常常感到希望無窮，又覺得驚恐無比，夾雜著沮喪、悔恨等情緒，賺錢有限卻筋疲力盡；我意識到，不克服這種情緒落差，我遲早會彈性疲乏，絕對無法成為優秀的操盤手。

後來，我體會出，做股票雖然很難做到「不以物喜，不以己悲」的境界，但可以控制情緒波動，股市雖然殘酷，卻不是一戰決生死的淘汰賽。如果我們把做股票當事業，願意用一輩子的時間來探索，把事情想得長遠些，拉大格局，就比較不會在意一時的得失，畢竟每一回合的競技，都只是我們成千上萬次比賽的其中一場。

天人交戰　賣出後最怕再漲

華爾街（Wall Street）中的「Wall」，被形容是一座憂慮之牆（the wall of worry），攀爬股市的憂慮之牆時，我們常陷入見好就收與續抱的天人交戰。

值得期待的股票，往往因害怕帳面由盈轉虧，或是無法抗拒獲利了結的誘惑，小賺就賣出，落袋為安後，鬆一口氣的感覺就是立即的獎賞；但股票賣出後，如果價格持續攀高，常令人懊惱不已，甚至失去理智奮不顧身地追高。

證券界有一種說法：「**股市中只有兩種情緒，即期待和恐懼。問題就出在，當我們應該恐懼時，卻一味的期待；而在應該期待時，卻又顯露出恐懼。**」

心理學家阿摩斯・特弗斯基與丹尼爾・卡內曼研究發現，人們的行為經常是非理性的，通常在收益發生但不確定未來會更多或更少的情況下，避免冒險，而想確保確定的收益；而當損失發生但不確定未來是否擴大或降低時，則願意賭賭看，即便這可能會帶來更大的損失。

由於追求自尊的偏好和害怕後悔的心理，一般人大多有「損失規避」的心態，想的是如何增加贏的次數，而不是提升贏的品質，傾向先賣掉賺錢的股票，逃避了賺錢的風險，而接受了賠錢的風險。也就是說，**一般人不敢賺大錢，所以只能賺小錢；不想賠小錢，結果卻賠了大錢**。

有個朋友告訴我，他曾在行情沒有太大波動的一年當中，用一百萬元賺了兩百萬元，豈知在隨後一年的多頭市場中，三百萬元卻賠得只剩兩百萬元，他特別強調他不會放空。他描述：「當我資金累積到三百萬元，持股總數仍維持四檔，但由於每檔股票的金額變多了，當每支都跌到停損點，比如說跌個一成，賠錢的金額就是三倍，我常因此殺不下手；同樣地，每支股票只要漲個一成，獲利也成為三倍，我常滿意地拔檔（跑掉）。」像他這樣的情況，就是「逃避了賺錢的風險，而接受了賠錢的風險」。

做股票最難的兩件事，一是處理賠錢的股票，一是處理賺錢的股票，而其最高指導原則是，避風險但不避利潤。我的這個朋友曾經做得很好，卻在操作額度膨脹為三倍後，因心理因素亂了步調而反過來做，也就是對獲利設限，卻讓虧損不斷擴大。

他除了沒有嚴守操作紀律外，最大的問題在於格局不夠大。或許他潛意識裡想的不是如何賺三千萬或三億元，而是如何保住那三百萬元，所以他操作這三百萬元資金時，還停留在一百萬元身價時的思惟，這樣子怎麼能重新分配時間和資源來更上一層樓呢！

人性不因時空而改變，早在兩千多年前，《論語．陽貨篇》就提出了「患得患失」的觀念，說明了還沒有得到時，惟恐得不到；一旦得到了，又擔心失去。得失心是觸發恐懼的導火線。讓我們害怕失去機會、恐懼成功、恐懼失敗。為了減輕心理壓力，我覺得我們必須做到以下幾點：

減輕心理壓力的三大心法

一、不要太在乎輸贏。

做股票時患得患失的壓力，不外乎來自於自己和別人。因此，除了不要拿有特殊用途的資金買股票、不羨慕別人賺錢外，我奉行以下三個原則。

㈠不要用消費水準來衡量輸贏了多少：我曾在號子的貴賓室裡看

過一位中實戶，他在每一回合的征戰後，總愛嚷嚷：「又賺（賠）了一部賓士」，喊盤時他經常提醒旁人：「借過！借過！車子進進出出的，不要被撞到了。」根據我的觀察，把錢看得太重或是得失心太重的人，比較賠不起，也比較情緒化，且大多會賠錢，即使能賺錢，格局也很有限。反觀優秀的操盤手，交易時抱著遊戲的心情，比較不在意輸贏，對他們而言，錢是用來得分的。

㈡盡量不要告訴別人你買了什麼股票：要做到「不在乎別人對自己的看法」很難，但至少我們可以不張揚自己買了什麼股票，這樣即使賠錢，也只有營業員知道，不會有人嘲笑你是「市場反指標」。大投機客維特，倪德厚夫把股票投機比喻成性愛，他說：「**貪心和肉慾經常是近親——性為人生助興，投機為人生提供養分。這兩種活動在**

私底下做，最能成功。」

要在股市賺錢本來難度就高，如果還想夾帶其他非財務方面的目的，例如藉著向人推薦股票做公關或證明自己的功力，常會加重自己的心理負擔。當我向別人推薦的股票失靈時，我恨不得自己有能力護盤，看盤時關注的全是那一檔股票，常因此忽略了市場的重大變化。

㈢付出不要有所保留：一般人限制自己只能付出多少時間、只能在股市中繳多少學費，喜歡追逐速食化的消息，不太願意學習乍看之下枯燥無味的東西，而且連學習上的付出都要計較投資報酬率。

通常有人問我：「如果我每天花兩個小時，多久可以學好技術分析？」這一類問題從表面上來看，好像是問：「最少要花多少時間？」其實更深入的意思是，他們想要確定在付出這段時間後，能不能保證學會。這樣一來，在「姑且一試」後，如果該方法不能如預期中的點石成金，他們將另闢蹊徑。

不管做什麼事，很難有人可以向你保證什麼，但只要方向正確，每一分一秒、每一塊錢的付出，雖不能保證馬上回收，但一定不會白費；而且，在我們熱愛這個工作的大前提下，也可以勉強自己做一些不喜歡的配套事情，正如環法自由車賽常勝軍阿姆斯壯所說：「**我不喜歡跑步，但我還是必須堅持跑步，因為不是所有對你有益的事情，都會讓你感覺很好。**」

二、**挫折越大，離成功越近。**

我覺得踏進股市，首先要跨越的第一道心理門檻，就是要能願賭服輸、不怕輸，因為能輸才能贏。台灣障礙馬術的好手陳少曼、陳少喬拿下第四屆亞洲杯國際馬術錦標賽團體組的后冠後，電視台記者訪問她們，「從馬上摔下來不怕嗎？」她們異口同聲地說：「多摔幾次就不怕了！」這一對七十八年次、不怕摔的雙胞胎，就是國巨掌門人陳泰銘的掌上明珠。

做股票也一樣，如果剛入門時只是小試身手，這樣即使受傷，也不會傷及筋骨。但我們的目的不只是要讓自己習慣「摔下來」的感覺，還要學習如何降低「摔下來」的頻率，並把傷害程度降到最低。就像科斯托蘭尼曾說：「**經歷足夠的失敗，才能在驚慌中不失去理智。**」

減少摔下來的頻率，一旦看錯，迅速自市場抽回資金。

「要把傷害降到最低」，有賴風險管理和危機處理。風險管理就是事前規畫、事中演練，危機處理就是事後補救。風險管理強調把下注的風險控制在自己可以應付的範圍內，或提高對自己有利事件發生的機率，並降低不利事件惡化的機率，但這有時候會造成我們畏首畏尾。尤其像我這種看好行情時，總是全力加碼、借足融資往前衝的人，形同把自己暴露於高風險之中，更須借重危機處理來補救。因為一旦誤判情勢，我手中已經沒有銀彈可以應變，所以我必須危機處理，迅速自市場抽回資金。

除了不能因為害怕失敗而未戰先怯，我們在失敗後如何自處也是一項難題。有的投資人一旦認為自己失敗，就會責怪自己，甚至全盤否定自己，不再像先前那麼努力，甚至半途而廢；也有的人失利時，因為拉不下臉而推卸責任。這些方式都無法找出問題所在，該如何面對失敗呢？

二〇〇六年，日本成棒隊在第一屆棒球經典賽中的表現，幫我們上了最經典的一課。日本隊在八強賽中因裁判的誤判輸給美國隊，當台灣和南韓媒體大加撻伐裁判不公之際，日本隊並未對此著墨太多，反而集中焦點檢討他們的攻防得失。

日本隊在三場比賽中輸了兩場，能否晉級要看接下來的美墨之戰。儘管總教練王貞治認為，日本隊百分之九十九無緣晉級，但全隊仍開拔前往四強賽的比賽地點。當日本隊靠著墨西哥打贏美國，奇蹟似地闖進四強的同時，他們正在球場上按表操課，這種戰績失利後不去找台階下，反而盡其在我的精神，使日本隊自助天助，最後贏得經典賽冠軍。

人們面對失敗時的防衛技巧，除了合理化、自責或推卸責任，不外乎和自己的過去或是拿別人做比較。拿別人做比較的方式，像是「好歹我賠錢的幅度比大盤跌幅小」，這種「比下有餘」的方式，也能讓人從中獲得舒坦；但股票族如果老是愛跟別人相比，永遠也比不完，且會干擾自己的操作節奏，甚至因為「比上不足」、「見不得人家好」，衝動地跟進漲幅已大的股票。我認為**做股票就像練瑜伽，不必羨慕別人**，我們要找到自己的步調，凡事只跟自己做比較。

研究指出，「跟自己的過去做比較」的方式大部分是正面的。比如說，失敗時憶起自己曾經擁有的風光歲月來維持自我價值感，或以自己發跡前的一無所有來自我打氣。就像一位縱橫台股三十年，至今仍在市場活躍的名人，每逢巨大失敗，總是告訴周遭的人，「我當初是帶六萬元來股市的。」

民國八十一年一度破產

我最大的挫敗在民國八十一年中秋節前夕，當我在電視上看到當時的多頭總司令翁大銘被收押，我真不敢相信自己的眼睛。那時我資產淨值兩百萬元，卻舉債買了超過一千萬元的股票，結果一連三天長黑，我破產了。五年來我賺的，還不夠三天賠的，在「三十而立」的那一年，我的財產重新歸零，那幾天的感覺，就像生了一場大病，全身虛弱，大跌第三天，我面臨融資追繳。

還好，我「輸」故我在，我從徹底的失敗中感受到真實的自我，從巨大的失望中清醒。我突發奇想：「我費盡心機，努力了五年，不過就賺這兩百萬元。如果我的格局只有如此，那這區區兩百萬元也沒有太大意義；如果我的格局不只如此，當有一天我回想起今天的萬念俱灰，一定會覺得好笑。」有個念頭從模糊到清晰，彷彿有人在身邊點醒我，「你並不是真的一無所有啊！你在股市身經百戰，這些經驗是無價的！」思想轉為正面，貴人就出現了，我營業員的姊姊願意借錢幫我融資追繳。

幾年後，我認識了一位銀行界的高階主管，有一次聊起這段往事，他告訴我，當年何止我一個人破產，整個金融體系也是搖搖欲墜，連政府都擔心「蔡辰洲事件」重演。我講這些話的意思並不是要說，當股市大跌時，我們可以拿「要垮大家一起垮」、「別人傷得更重」

來自我安慰；我要強調的是，當我們陷入股市泥淖而動彈不得時，我們所能做的，就是把該做的功課做好，然後放輕鬆、保持清醒，讓其他使得上力的人去操心！

浴火重生　培養「大賺」膽識

「翁大銘風暴」是我從「小賺」到「大賺」的分水嶺，熬過以後，彷彿打了一劑預防針，從此不再那麼害怕賠錢，在股市失利時，我可以告訴自己：「以前那麼慘都熬過來了，現在有什麼好怕的？」

當大盤突然大跌，只要我大跌前買進的股票比賣掉的股票表現優異，我就感到欣慰；當跌勢逐漸明朗，為了避免和現實脫節，我用**「已經從市場抽回了多少資金」**來穩定情緒。我覺得保留明天的購買力，比今天股票賣了什麼價位重要。畢竟「人是英雄，錢是膽」，留得青山在，不怕沒柴燒，這樣即使股價持續大跌，只要資金回收得快，我們形同享有折扣優惠，購買力反而提升了。

一再度過難關，讓我越來越勇於面對更大的風險，賠錢時也越來越不會心疼，因為我有信心再把錢賺回來。我在股市最引以為傲的就是，自民國八十一年起，在每次大跌之後，我都能在大跌後的下一個反彈中，把前一波大跌時賠的錢賺回來，我的獲利持續創新高。

三、格局要寬廣。

當我在股市連戰皆捷，走在路上，我滿面春風，不時對周遭正忙著工作的人投以好奇的眼光，心想，「他們為什麼不去買股票？股票錢很好賺啊！」這種念頭一出現，通常意味著我在股市的好日子即將結束。一再經歷股市的凶險，我體會到為什麼美國人稱股市為人造峽谷，為什麼華爾街名言說，「**股票市場是人類歷史上最偉大的發明，它讓驕傲的人全部自嘆弗如。**」

就我聽過和看過的投資人中，凡事多一分感動、少一分抱怨的人比較能成功；他們成功後對自己的專業總能侃侃而談，對自己的成就卻總是輕描淡寫。就像大導演吳宇森談到好萊塢，他說：「我認識的影星中，越大牌的越謙虛！」

我所做過最愚蠢的事，就是和別人爭辯某支飆股是誰先發現的。我們這些愛爭辯的人都認為行情是他先點火的，就像每一隻驕傲的公雞，都認為太陽是牠叫出來的。即使是我率先發現了飆股，我再買也不過那麼幾張，又不敢抱太長，但某些悶不吭聲的先知先覺者，可能一買就是一大缸，又耐得住震盪。而且，就在我逞口舌之勇時，或許這些「聰明錢」又已經開始在物色下一檔股票了，這正應了一句順口溜：「別人已經上太空，我們卻還在爭論該不該殺豬公。」

剛進入股市，我只知道很多人害怕失敗，至於害怕成功的人，可能只是極少數極端的例子。後來，我才發現害怕成功的人還大有人在，甚至我自己賺了一點錢後，曾經因為考量到要節稅太麻煩了，認為錢只要夠用就好，而放慢腳步。

成功的壓力主要來自於，一旦成功了，別人對你的期許也跟著提高了；也來自於，害怕得而復失。我們常聽到一些出發點是好的、卻是灰色的建言，比如說：「高處不勝寒」，「爬得越高、摔得越重」等，但事實上賺錢是一種習慣，當我們攀上財富的高峰，久而久之，也就習慣了；而且，只要保持戒心，不但不會摔下來，反而因為視野變寬了、資源變多了，而會「強者更強」。在累積資本的路上，只要有實力，不管爬得多高，頂多是進三退一或進四退一。就像一支真正有實力的股票，大幅攀升後，可能只拉回個兩三成，整理一段時間後，續創新高。

我慢慢走到對的道路。我覺得做股票一定要全力以赴才能賺到錢，既然我每天要花同樣一趟工夫，之前也已經投入那麼多心血，能多賺一點，何樂不為。我從沒想過在什麼時候高掛免戰牌，只要對股市還有熱情，我就繼續走下去。

要在股海大贏就別小鼻子小眼睛

所謂：「眼界決定境界，定位決定地位。」只想要在股市謀取生計或只想賺點錢貼補家用的人，注定要陪公子讀書，成就一定有限。我想，如果一個人連對自己的未來都缺乏想像力，對股價怎麼會有想像力呢！反觀，那些替自己設立很高標準，大膽挑戰自己極限的人，雖不一定會達成目標，但總有一定的成就。

就我所認識的股票族，他們在股市的斬獲，大致上呈現M型分布，不是賺很多錢，就是沒賺什麼錢或賠錢。對於後者而言，他們常是因為機會來臨時，只看到眼前的利益，甚至害怕得而復失，因此該大賺而未賺。

在《新金融怪傑》一書中，催眠師羅伯，克勞西建議投資人，「潛

意識心靈必須只相信一件事：賺錢是應該的。」我想，如果我們有方法、夠努力，更可以讓意識心靈和潛意識心靈一致地認為：我們值得賺很多錢；然後找機會透過實戰，漸進地讓自己適應更大額的輸贏，提升自己的格局。

股市是一個競技場，不過還好的是，這裡既沒有肢體碰撞，也不必跟競爭者照面，甚至不用知道與我們對作的人是何方神聖；而且股市永遠都開張，除非碰到罕見的暴漲或暴跌，只要我們夠狠，都可以在一天內出清或買進我們想要買賣的股票。因此，不管賺賠，我們都可以過得自在一些。

失敗了，我們不必怕對手訕笑，不必找台階下，不必拉不下臉，痛定思痛後可以捲土重來；勝利了，我們不必對輸家感到抱歉，不必洋洋得意，不必擔心下次交易好運無以為繼，在短暫的歡欣鼓舞後再接再厲。對追求卓越的投資人來說，他們屢創新高的人生高峰，都不等於人生的巔峰。

第三課

有恐懼才值得期待

輸家只想做「保險的」選擇
贏家不認爲有什麼選擇是「保險的」

美國奇異公司前執行長威爾許曾指出，傑出領袖必須具備4E＋1P的特質，4E代表的是活力（Energy）、鼓舞（Energize）、膽識（Edge）與執行力（Execute），P代表熱情（Passion）。就股市這一行來說，我認為除了鼓舞這個特質對投資界的意見領袖不可或缺外，其餘特質都是股市贏家必須擁有的。

我從進入股市至今，對股市永遠有用不完的熱情和活力，充滿了操作的欲望，我一度欠缺的是膽識。還好，我並不是無藥可救地不敢下注，我相當具有執行力，只是市場上一有風吹草動，常引起我慌張地做出回應。

民國七十八年退伍後，我回到台北的號子看盤，那種感覺就像和老朋友久別重逢。

那是一個全民炒股的年代，也是一個要看營業員臉色的年代。價格激烈跳動的揭示板，令我血脈僨張，但看著自己填妥的委託單上進出的張數只有一張，不禁自慚形穢，有時拿不定主意，遞單時手還會發抖。還好，我很快適應，在搶進殺出的喘息之際，還能拉高嗓門向身邊素昧平生的同好，發表我對某支股票的看法，初試啼聲的我，渴望讓全世界聽見我的聲音。

終於，我的機會來了。民國七十九年初，《工商時報》的附屬刊物《投資情報》周刊，舉辦了名為「股市金馬獎」的全國性紙上投資組合競賽，用重賞來吸引參賽者。

由於初賽採用單敗淘汰制，為了增加入圍的機率，我以家人的名義多報了一個名額，全都重押當時我最看好的封閉型基金。果然，我這兩個名額雙雙進入決賽，最後一舉拿下第二名和第三名，共贏得了二十兩黃金，更因此得到了在《產經新聞報》寫稿的機會。

但在現實的操作上，我雖然在低檔就已買進這些封閉型基金，卻在漲了五、六成後脫手，然後眼睜睜看著它們一路狂飆了五、六倍。

我自虐地算計著自己少賺了多少錢，也自瀆地幻想，如果當時全部的錢都押寶基金，而且都賣在高檔，豈不是賺翻了？在那段基金狂飆的日子，我最討厭看到有關基金的報導。

沒有專家　只有贏家

後來，《投資情報》周刊開闢了一個名為「高手過招」的專欄，我應邀與其他三位名分析師做紙上競技。我先後和四組不同的專家比賽，最大的感觸是，名家不見得有多高明，股市裡沒有專家，只有贏家和輸家。

但我的困擾仍舊持續，我在真實世界的獲利，經常不如紙上競賽的獲利。因為缺乏安全感，我即使抓到了飆股，也只能淺嘗即止；而紙上競賽，每周六才能調整持股，所以相對沉得住氣。

為此，我和賤賣基金時一樣感到挫折，但這時我已較能釋懷，不過也只是消極地安慰自己：「在跌勢市場能賺點打工費已不容易」，或自我調侃：「我是紙上談兵的專家，賺到的是紙上富貴」，我並沒有深刻體認到自己的無知，當然沒能找出無知的所在。

我得過且過，直到《產經新聞報》的一次主筆聯誼會，才給了我當頭棒喝。

欠缺膽識　大夢初醒

當時我非常享受在《產經新聞報》推薦個股，報社不但讓我把「尋寶遊戲」的心得和讀者分享，還付我稿費貼補家用。當看到自己推薦的個股逆勢收紅，感受到投資人用我的眼光在看市場，那種感覺令人飄飄然。

民國八十年九月，指數已由七十九年的一二六八二點，跌至四千五百點左右。在例行的主筆聯誼會上，報社無預警地宣布即將停業。當我得知竟然有主筆想接手經營報社，我更是感到震撼。我想不通，在那個哀鴻遍野、血流成河的慘烈年代，這位年紀三十出頭的年輕同事，怎麼玩到這麼大，竟敢逆勢燒錢辦證券報紙？

我再三地省思，突然大徹大悟，我退伍後只能在股市賺些蠅頭小利的真正原因：我欠缺膽識，而且合理化自己的膽小。

我領悟到之前的「股市金馬獎」、「高手過招」等紙上投資組合競賽，純屬玩票性質，不像現實操作的輸贏壓力那麼大，就像籃球員在錦標賽和友誼賽時投籃，完全是兩回事。

我在報上撰文時用的是筆名，就是不想承受誤判個股的壓力，替自己預留一條日後可以改名重新出發的後路；而在實際操作上，我也抱持「能賺最好，沒賺也無所謂」的彈性，表面上不在意輸贏，實際上是賠不起。

技術分析　提升視野

在診斷出自己抗壓性不足，以致淪為打工一族後，我相當沮喪，我閱讀名家論述來自我調整。

所謂「取法乎上，僅得其中」，我最先觀摩的對象是股市中的百年經典人物，令我印象最深刻的是華爾街老大師伯納德，巴魯克。一八九七年剛出道不久，巴魯克根據自己的判斷，以三百美元買進美國煉糖公司的股票，並藉由當時制度允許的十倍信用交易擴大交易規模；他在股價不斷攀升的過程中頻繁地進出，把實現的利潤再運用融資，「瘋狂地」買進該股票；等到他預期的利多一一實現，在市場最瘋狂的那一天，他反而清醒地將全部股票拋出。

不到五個月的時間，他淨賺了兩百倍！

直到參加了技術分析研習課程，眼界大開了以後，我才真正明白像巴魯克這樣的事蹟，並不是那麼遙不可及，也才知道我的膽小在於缺乏可以壯膽的核心技術。

我重整旗鼓，孜孜不倦地學習技術分析。大約秣馬厲兵了一年半，我碰到了生命中最重要的大考：電子股長達七年的大行情。

迷思：曾經，我在股市頻繁進出，我用各種藉口合理化自己的績效不佳。

解答：後來，我發現問題出在自己缺乏一套做股票的核心技術，以致看問題時只看到表面和眼前，看不到事情的內涵和展望。

學習了技術分析，我驚訝地發現，我更能駕馭基本分析了。基本分析和技術分析雙劍合璧，讓我看問題時的深度和高度跟著提升，預測力越來越準確，而不只是膽小地在搶短線差價上打轉。

第四課 誤闖未上市叢林

贏家進場前先找出路
輸家憑感覺殺出血路

剛退伍時，我把金錢看得太重而患得患失，過於頻繁進出，以致在股市只能賺小錢。等到摸索出投機的要領，錢來得太快，反而讓我把錢看得太輕。我本來想替自己充裕的資金找出路，卻由於過度大意，孤軍深入不熟悉的未上市叢林而慘敗。

我的投機操作越來越順手，持續賺錢卻讓我沖昏了頭，我覺得每天的工作像在刀口上舔血，不僅希望賺錢賺得優雅，而且以十倍速來賺。

是不是過度貪婪，不在「數量」而在「能耐」

民國八十三年九月台積電上市前後，市場掀起一波未上市股票投資熱，我決定兵分二路，在上市股票投機，在未上市股票投資。

我公司的一位董事，長年投資的未上市股，一家一家的上市，是創業投資的大贏家，他卻潑了我一盆冷水。他鐵口直斷：「你擅長的是快節奏的換股操作，不應陷入隨時會求售無門的未上市股。」「買進未上市股就像買遊艇，只有兩天會很高興——買到的那一天和賣掉的那一天。」

但在當時的市場氣氛之下，我還是誤闖了地雷密布的未上市叢林。

我透過盤商買進的未上市股，後來賠錢的家數十有八九，投資朋友創業的公司，更是全軍覆沒。我發現淪為地雷股的公司，大概有以下幾個徵兆：一、大股東源源不絕地供應股票。二、以創投或市場名人介入做號召。三、以預定上市時程來吸引人。四、常打著「××第二」的招牌做幌子。

創投讓我撞頭

遍體鱗傷後，我請教那位董事：「為什麼你是諸葛亮，我卻像豬一樣？」他回答：「我決不介入我不能掌控的未上市股！」

直到今天為止，我投資所賺的每一塊錢都來自上市市場，而投資未上市股和參與朋友的創業投資，賠掉的不只是巨額的血汗錢，最大的損失是無法估計的機會損失。我自我調侃，「什麼創投？根本就是撞頭！我賺到的只有兩『意』三『千萬』，**我的兩『意』指的是失意和悔意，**三『**千萬』指的是：千萬不能輕信消息，進攻前千萬要搞清楚退路在哪裡，以及千萬不要撈過界。**」

一、**千萬**不要輕信消息：我之前所謂的投資，有些只能說是一種商業冒險，其依據都是片面的消息。基礎不穩的公司為了吸引資金，都是報喜不報憂，即使剛開始的正面消息是正確的，但後來該公司基本面變壞，非實際經營者不是被蒙在鼓裡，就是因長期規畫而失去了戒心。

二、千萬要先搞清楚退路在哪裡：股票的好壞隨情境而改變，要在股市追求自由，代價就是要隨時保持警覺。不管是做短線、中線或長線，不管持有的是上市股或未上市股，我們都應該時常檢視手中的持股；但未上市股除了資訊揭露不充分外，最大的風險是流動性不足，即使發現苗頭不對，也常常無人接手。從此，當我進攻前，必須先給自己預留一條退路。我不再大量介入不易變現的冷門股，不輕易涉足未上市股和連債債。

三、千萬不要撈過界：人沒什麼錢時，不要把錢看得太重，以免因為賠不起而閃避風險；人很有錢時，不要把錢看得太輕，以免因為賠得起而忽略風險。但是「輕」、「重」之間怎麼拿捏呢？沒有錢的人想致富，一定要冒險，有錢人想要更有錢，還是要冒險，因為高報酬伴隨高風險。「是否過度冒險」，要看風險能夠被掌控的程度，也就是要回歸專業，這樣一來，沒錢的人才可以冒險，有錢的人才不會亂燒錢。當然，對股市新手而言，不管賠不賠得起，操作額度越少越好，這樣才能用最少的學費得到最多的磨練機會。

此外，我發現長期投資缺乏一再測試演練的機會，無法從失敗中快速累積經驗。因此，對我而言，投資的風險更甚於投機，我更堅定地將投機當作唯一的本業。

第五課 投資VS投機

贏家買股票像買日用品一樣駕輕就熟
輸家買股票像買藝術品一樣難以下手

被譽為經濟學家中最會做股票的凱因斯指出，投資是對投資物件在其整個生命週期所能帶來的收益做測算；而投機則是對市場的心理狀態做預測，期望投資物件的評價基準朝有利自己的方向偏移。投資大師巴菲特也說過，投資就是使資本向著經營得更好的公司流動，而投機則是透過短期內的股票差價來獲利。就股票投機而言，要追求差價，就要回歸到股票的供需。供需不只涉及經濟面，還涉及心理面，而且隨時會改變，也就是說，股票投機就是掌握不斷在改變的供需。

先確定自己要投資還是要投機

任何一筆買賣，關注的不外乎價值和價格。投資比較偏重於價值，投機則比較偏重於價格。但價值和價格並非壁壘分明，它們之間的關係就像主人遛狗，狗反覆地在主人前後奔跑，離開太遠時就會折回主人旁邊，主人就是價值，狗就是價格，價值和價格之間有一條看不見的繩子。因此，即使是投機客，也不能像王爾德歌劇中的名句所說，「**對價格無所不知，但對價值一無所知。**」

當重大利空引發股價超跌，我們擇優長線布局，但如果利空淡化或未如預期，股價急漲後，我們當然可以一改初衷的短打，這就是「短線成功之道有時是以長線成功為目標」；反過來說，我們原本買進股票短線投機，但由於一直沒有出現賣點，於是成了成功的投資，這就是「投資是投機的累積」。

儘管有時候投資和投機比鄰而居，但我們還是要先釐清自己要投資或投機，才不致模糊了選股的焦點，操作上進退失據，以致兩頭落空。我認為短線投機的最大悲哀，就是因為被套牢而淪為長期投資。

投資和投機無優劣之分

股市的本質就是變動，即使是長期投資者，也應該時常檢視持股。相對於未上市市場，上市市場最大的福利，就是想賣股票時通常都賣得掉，我認識一位成功的長線投資者，持股平均每五、六年周轉一次，但他每隔兩三天就出現在交易廳。別人問他，「你既不買也不賣股票，來號子幹麼？」他說：「買股票和買房子不一樣。房子買了以後不會有太大變動，比較不傷腦筋；但股市充滿了無常，我還是要常常關心。」

包括巴菲特、彼得・林區等投資大師，都認為沒有人知道市場明天的走向，預測短線走勢也沒什麼意義，但股價長線的命運可以預測，而且取決於每股稅後盈餘（EPS）；但投機客認為，短線走勢較容易掌握，即使不能精準預知，但經由觀察和修正，可以逐漸提升命中率。

由於在未上市股的投資失利，我更能認同傑西．李佛摩所說，**「『投資人』才是不折不扣的大賭徒，他們下了注，然後靜候攤牌，假如下錯了注，他們就留到賠光為止。」**我也認同巴魯克為「投機客」所下的定義：**「投機客（speculator）出自拉丁文的speculari，原意是窺探與觀察。因此，所謂的投機客是那些能夠在事情發生之前，就能夠觀察到並採取行動的人。」**

長期投資者主要是買進績優股、價值低估股和成長股，然後長期規畫；而投機客則買進短期內可能有價差利潤的股票。換言之，投資是傾向買進好公司的股票，而投機則是傾向買進即將上漲或還會再漲的好股票。

然而，好公司的股票可能是不動如山的爛股票，而爛公司的股票可能是即將一飛沖天的好股票，因此有別於投資家以經營者的角度看問題，投機客重視股票的股性，遠甚於公司經營的業務性質。

經過實戰的反覆摸索，我慢慢釐清了股票投機的本質是要追求差價，要追求差價就要透過操作。就像寫作的養分在閱讀，股票投機的養分就是操作，擁有大量操作經驗的人，才能掌握出手的穩定性，懂得拿捏進出時機。

投機是從轉變中創造價值

我把自己定位為追逐股票差價的投機客，訓練自己不但精於看盤，也擅長準備，練就了一身察看股市臉色的本事，有時雖然看不準行情，卻能及時修正。我認為要成為一個快、狠、準的投機客，須具備以下認知。

如果股票投資像男女間的相知相惜，那麼股票投機就是逢場作戲。就像某些人玩弄異性，其意圖只在於短中線的滿足，投機客也必須秉持投機的立場，不能對股票產生感情，也不能因為心血來潮或因為羼雜其他情緒而進出，而應以基本面和技術面為依歸。

投機的「機」字，意味著新機會，不只是契機，也包括危機。投機客善於判讀市場，預測或關注新情勢、新趨勢、新技術、新應用、新產品、新管理階層、重大性併案，從轉變中創造價值。

投機客就像資源回收者，從已公布的訊息中，判斷哪些還有剩餘價值。有別於投資者買進價值低估股，投機客觀察技術訊號再進場；有別於投資者重視現金股利有多少，能否每年穩定發放，投機客關注的是股利宣布發放時，是否符合市場預期？在股價將產生落差的除權息前買進，是否有利可圖？

股市讓你認清自欺欺人的後果

投資者常因現金股利的穩定收入或因持股的績優形象，而對股票下跌的資本虧損和基本面潛藏的質變較麻木，甚至自欺欺人地認定「不賣就不賠」，也不去思考股價的下跌是公司的前景不再？還是市場人氣退潮？

對交易量不大的投資人，除非遇上罕見的天災人禍，股市具有十足的變現性，因此帳面上獲利或虧損一塊錢，等同於荷包裡增加或減少一塊錢，亦即帳面上的盈虧也就是實際上的盈虧，因此，「落袋為安」不應該是賣股票的理由，「害怕虧損實現」也不應該是不賣股票的理由。投機客應該勇於面對帳面盈虧，在操作上才能更貼近市場，而在賣與不賣之間，也應該用系統化的方法來判斷。

投資者除了買進並持有的長期策略外，有的還針對主要趨勢進行投資，期許能買在大波段的底部附近而賣在頭部附近，如此的「買低賣高」，實際上難度很高，為了減輕長期投資的不確定性，投機客設法掌握短中期趨勢。

由於股市充斥著各式各樣的機會，投機客不必像投資者一樣太強調成本觀念，不必太拘泥「買低賣高」的操作原則，可以「買高價，賣更高價」，或「賣低價，在更低價回補」，甚至在誤判形勢時，果斷地認賠出場；他們也不必局限於先買後賣的做多，可以先賣後買的做空。

最後，投機客如果能持續找到漲勢更明快的個股而換股操作，或就同一支個股，根據轉折點高出低進，那麼賺的錢實現後，可以做更大額度的融資，資金運用更有效率。當年巴魯克剛出道時資金不足，就是用這種頻繁進出的方式，讓錢滾錢而迅速崛起。

贏家也會累得像狗

常有人問我，股票要做短還是做長？最初，我總是黠慧地回答：「該賣的時候就賣！」後來，我不耐煩地反問：「你所謂的做長或做短，指的是多久的時間？」現在，我重新詮釋主人遛狗的老例子，來說明股票該長線或短線操作。

主人遛狗，狗反覆的先跑到前面再折返到主人旁，雖然同時抵達終點，主人氣定神閒，那隻狗卻是上氣不接下氣。依我個人的見解，**好整以暇的主人，就像依主要趨勢操作的長線操作者，而疲於奔命的狗，則是隨著短線震盪而躁動的短線客，兩者同樣抵達終點，狗看似浪費力氣，卻也鍛鍊了體力。**

每個人都希望自己是從容優雅的長線操作者，但是誠如西諺所說：「成功不是一蹴可幾，即使大師也要分很多的階段，每個階段間隔多年。」如果短線客能從搶進殺出的奔忙中累積「小勝」的經驗，摸索出一套讓自己「身忙心不茫」的系統性方法，就可以慢慢進窺中長線操作的堂奧，因此短線的磨練是初學者的「必要之惡」。

摸索出一套讓自己「身忙心不茫」的系統性方法，就可以慢慢進窺中長線操作的堂奧，短線的磨練是初學者的「必要之惡」。

民國七十八年時，我是個搶進殺出的超短線帽客，每天的持股周轉率常超過五成。隨著經驗的累積，我變得比較有想法，不再頻繁地對消息做出回應，不再為既定趨勢下的微幅變動分神，我把注意力集中在關鍵的消息和股價的關鍵價位。

我雖然趨向中線操作，但我同時對短線和中線的走勢有概略的輪廓，也不拘泥於應該短線或中線操作。在「看長不如看準，漲久不如漲快」的指導原則下，我考量機會成本和時間風險，依技術訊號決定買賣點。

研究發現，西洋棋高手（expert，大師的次一等級）的確要比棋技較弱的選手多考慮了幾步棋，但進一步得知，大師或特級大師所考慮的棋步沒有增加，只是他們出手更準確。棋下得好的選手，考慮的不是更多的棋步，而是更好的棋步。

做股票也一樣，每天看盤時，我們都要盤算好下一步或下幾步盤勢可能有哪幾種演變，又該如何視局面的變化而因應？因此，**如果我們缺乏中線的方向感，短線即使看對，也不敢下大注，也可能因股價的跳空而無法回補（賣出）股票。**

但是趨勢的時間也沒必要看得很長，如果長線看得太樂觀，可能因此對市場失去戒心，說不定在長期走勢還沒應驗前，就已被斷頭；如果長線看得太悲觀，可能會錯失短中線波動的獲利良機。事實上，我隨市場轉折的短中線操作，雖然有時累得像狗，但也多出了許多獲利和磨練的機會。

資本主義的真諦，就是讓錢流向最會使用錢的人；而股票投機的真諦就是讓錢流向最會漲的股票。在資本市場，經營得越好的企業越能集資，越懂得操作的人越能吸收別人託管的資金或贏到別人的錢；而在股市中，越會漲的股票越能吸收大眾的資金，形成「強者恆強」。

第六課 為什麼財富總和我們擦肩而過

輸家認爲跟在別人後面才安全
贏家發現後面跟了太多人而不安

曾經，我總是一而再地在漲勢初起時買太少、賣太早，在漲勢近尾聲時買太多、賣太晚。甚至當某些股票的股價領先向上突破時，我不在意，等到在意而買進其他跟著向上突破的落後股時，卻是假突破。我慢慢知道這種行為模式，不單是由於做長、做短的自我設限，而是在恐懼、貪婪、懊惱、期待等誤導我們的情緒背後，還有一個結構性的原因涉及其中。

事實上，「恐懼」和「貪婪」這兩個驅動股票市場的主要力量，不是那麼惡名昭彰，**問題就出在：當我們應該貪婪時卻恐懼，應該恐懼時卻貪婪。為什麼我們的腳步總是趕不上市場的節奏呢？**除了資訊不足以及操作方法有其盲點外，這也涉及了其他心理層面。

那就是我們基於惰性、慣性或安全感，在做決策時，常利用一些思考捷徑來降低分析資訊的複雜性，因而誤用了一些先入為主的觀念或生活經驗的邏輯。先入為主的觀念，導因於我們對股市並不是那麼了解或存有偏見，例如我們習慣了「科技創新」的電子股，常看不上「資產增值」的傳產股；而日常生活中的邏輯常不同於股票市場的邏輯，例如我們根據口碑買到適合自己的車子，但根據別人在某支股票賺錢的口碑而跟進，卻常常套牢。我把這些心理造成的偏差分為以下三個層面：

一、股市充滿無常，我們卻緬懷過去。

過去的數據和個人的經驗可以是我們的資產，但如果我們過度強調它們，這些數據和經驗反而會成為我們的包袱。為了避免執著於過去，我們必須做到以下四點：

㈠不過度重視過去的資訊、題材和觀感：

基金銷售說明書上的十九個字，「基金經理公司過去的績效不保證未來的表現」，正是我們應用舊資訊時的金玉良言。絕大多數基本面的統計數據和事件，都已成為歷史，只能作為比較上的參考，即使是最新的訊息，在充分反映漲跌停板與平盤下不得放空等限制後，也將成為明日黃花。

我們對個股過去的獲利水準，不該有根深柢固的刻板印象，如果我們過度重視個股過去的本益比或昨日的題材，將流連於競爭力不再或人氣退潮的昨日明星股，而錯過即將引領風騷的轉機股或成長股。

同樣地，技術分析所研究的成交價，若非漲跌停板等限制，已即時反映所有基本面已知的資訊，又大致反映了潛在發展中的事件、市場情緒和預期心理。已發生的走勢圖相當明確，但總是昨天的故事，就像去年的日曆已經過期，後市仍然步步成謎。

人是健忘的，即使是記得住的資訊，也常是斷章取義過的、自行重組過的或加油添醋過的。基本面和技術面的完整資料，可以避免我們做選擇性的回憶，將現在的市況和過去的資訊相結合，但回顧只是為了鑑往知來而已。

㈡對新歡與舊惡統統沒有愛恨情仇：

我不會因上回栽了跟頭，這回就大量加碼，急著想報一箭之仇。我不會因為喜歡某上市公司的產品或因其知名度而傾向買進該股票，不會情有獨鍾於少數熟悉的個股或產業龍頭股，我也會注意新上市股。我很少向下攤平套牢的股票，但不會把以往的賠錢貨從此列為拒絕往來戶。我常往上加碼看好的股票，但不認為過去的搖錢樹與我特別有緣而再三投入。

㈢不陷入以偏概全的迷思：

上一部令我們讚不絕口的電影，原班人馬再度合作的下一部或續集，卻可能讓我們倒盡胃口；某個突然躥起的股市名家或某項嶄新的經濟（技術）指標，之前兩次精準地預測了行情，當我們信心堅定而全力跟進後卻失靈。民國九十三年底，媒體上觸目可見「過去五年元月指數都是大漲」，但九十四年一月，大盤卻是跌破眾人眼鏡，收黑，說明了不能僅以少數實例遽下論斷。

如果某支股票的走勢類似已知的型態，例如**頭肩底**，我不會把它視為孤立的一個型態而遽下結論，而會把它視為更複雜型態的一部分，也會根據更多的指標和盤中走勢的強弱來輔助推論。我用技術分析來選股，得以同時追蹤數量夠多的股票並做比較，在換股操作中累積更多的實例，得以體驗在某種技術結構下，某種型態完成的機率，以及預測後市成功的機率，然後推估後市可能的漲跌幅度。

㈣不要自恃以前成功：

有時我們成功地根據國際股市的表現來進出台股，有時我們以本益比等簡單理論作選股依據而獲利，但由於以下四個原因，昨天行之有效的方法，今天卻失靈。第一、時移勢轉。第二、理論太單純，而有太多限制。第三、我們對理論一知半解。第四、理論廣被應用，就不再有效。因此，誤判形勢、想要一招半式闖江湖、凡事不求甚解和不知變通，甚至比無知對我們傷害更大。

市場的規則就像過去的資訊，並不是不能用，只是不能執著於其中。做股票沒有　套放諸四海而皆準的理論，所謂「法無定法」，只有隨機應變才是大用。

二、股市反映未來，我們卻活在當下。

股市不是經濟的溫度計，而是領先經濟動向，美國政府早在多年前就把標準普爾五百指數，視為逐月公布的經濟領先指標之一。

財經學家約翰．納夫辛格在他所寫的《投資心理學》一書中曾提問：「一八九六年，道瓊工業指數四十點，一九九八年底九一八一點，道瓊工業指數是不計入股利的。如果在過去這段期間，每年所發放的股利都再投資到道瓊工業指數的話，請問在一九九八年底，道瓊工業指數應該是幾點？」他解釋，「由於定錨（anchoring）的心理，一般人把注意力放在九一八一點。做推斷時，很可能從這個起點開始，並試圖加上一個正確的數量來補償股利。即使他們清楚自己做預測時，總是把範圍訂得太窄，但這問題的答案，準會讓他們大吃一驚，正確的答案是六五二二三〇點。」

原來，由於定錨的心理，我們的注意力總是定錨在最近時點的消息面，對未來所謂的研判，常只是眼前情緒或感覺的擴散，正如心理學家羅蘭．巴瑞克在他的《股市陷阱八十八》中所解釋，「一般來說，**我們覺得危險的事，都是當下即將發生的，而不是未來可能發生的事。因此，我們會避免待在漆黑無人的暗巷，即使天明時安全就會降臨。**」

剛進入股市，也由於定錨的心理，我常過度關注買進成本。多頭市場時，我把某支獲利的持股往上減碼或成功的搶了一次短線後，依自己另類的計算方式，剩餘持股的成本因而降低，這讓我沾沾自喜。

現在回想起來，當時的格局未免太小了。

成本觀念是金融操作上最大的迷思，它不但是投資人先入為主的一種定見，也涉及了投資人害怕後悔的心理。財務經濟學家赫許・謝弗林與梅爾・斯坦曼發現，害怕後悔以及追求自尊，使得投資人表現出賣盈守虧的傾向。

成本觀念是金融操作上最大的迷思，它不但是投資人先入爲主的一種定見，也涉及了投資人害怕後悔的心理。

泰倫斯・奧丁進一步研究發現，**投資人賣出賺錢股票的機率比賣出賠錢股票的機率，高出百分之五十左右**。投資人賣出賺錢的股票後，該股在接下來一年的績效，可以擊敗市場，而且超出幅度平均達到百分之二・三五，在同一年中，投資人仍持有的賠錢貨，卻被市場打敗，而且落差達到百分之一・〇六。一來一往之間，一年內的利潤減少了百分之三・四一。這看似不多，但如果對一年賺不到一成的投資人而言，比例卻相當可觀。

我們除了聚焦於股票的買進成本，有時我們傾向採取一個和現在時點比較接近的價格並時常更新，作為進出的參考點。這包括賣出價位和近來的最高（低）價。

例如某人在二十元買進一檔股票，隨後該股漲至四十元，又跌回三十元，這時如果他的參考點隨之提高至四十元，他心裡可能會覺得少賺而賣不下手。如果某人在三十元出脫持股後，股價跌下來，他很可能再度買回，因為他心理上會覺得撿到了便宜。反之，如果賣掉後股價上漲，他傾向不會考慮回補，這麼做等於承認自己的錯誤。這些心態都是不理性的。

三、股市變動激烈，我們卻老是在等待或期待。

颱風前夕，很多人會到市場搶買蔬菜，因為經驗法則告訴我們，風雨過後菜價上漲的機率很高。我們行事時總是把確定的、簡單的緊急事情擺在第一順位；但對於不確定的、複雜的重要事情，我們總是「先看看再說」，或期待明天過後，船到橋頭自然直，把事情從不緊急拖到緊急，甚至拖到難以挽回。因此，我們行事應主動積極，不要等到問題浮出檯面才來面對。

㈠要當先知還是後覺：

一般人大都不喜歡冒險，對於所費不貲的新事物，例如新發表的車款，往往要等口碑建立了才敢嘗試，但是新車在一段時間內不會改款，隨時可以買到一模一樣的車子，股價卻是隨時變動而不等人的。

一般來說，越多人談論（的）股票，獲利的機會越少，最好賺的錢，已經給先知先覺者賺走了。我們為求心安，低檔不敢買股票，等股票漲上來，又嫌它們漲幅已大或本益比太高，希望等價格回檔時再買進，甚至為了內外盤的一檔之差而沒買到，這符合我們討價還價的日常經驗，卻常因此錯失一段行情，或被迫以更高的價格買進。

「時間就是金錢」這句話，在股市最是貼切。正如羅蘭．巴瑞克所說，「**在日常生活中頗有幫助的心理因素，只有在處理靜態情況時才有用，用在起伏不安的股票世界，反而讓人迷失。**」

「買低賣高」說來容易，但由於違反了人性的正常反應，以致大多數人跟不上市場的脈動而反其道而行。當股價探底完成時，大多數人早已遠離市場；當股價在懷疑中成長，我們對之前空頭市場的夢魘餘悸猶存，只敢牛刀小試，小賺後就想落袋為安。

即使賺到了錢，我們一方面把贏來的錢放入獨立的心理帳目中，貼上

什麼是追高殺低的心理循環？

我們通常在股價大漲後才會大買，大買後如果股價續漲，由於我們已將股票的上漲視為常態，樂觀的心態常會壓制住賣股的念頭。跌勢開始時，我們流連於之前股市的榮景，相信股價會再漲回去，常會繼續持有股票，等跌勢明朗時，信心開始動搖，直到股票暴跌的煎熬超過忍耐極限，才會絕望的殺低，終於完成一個「追高殺低」的心理循環。

「利潤」的標籤，這些錢就像賭場提供的賭資，錢的分量變輕，我們因而願意投資風險較高的股票，也較容易掉以輕心；另一方面，原本心理帳目中被歸類為「資金」，大都存放於定存的錢，因受到市場氣氛的感染，而提領出來大買股票時，操作難度已升高。即使專家也常漲時看漲、跌時看跌，不管股價漲多高，總有權威名師「掛保證」：股價至少還有一成至一成五的漲幅可期。

大買後如果股價續漲，由於我們已將股票的上漲視為常態，樂觀的心態常會壓制住賣股的念頭。跌勢開始時，我們流連於之前股市的榮景，相信股價會再漲回去，常會繼續持有股票，等跌勢明朗時，信心開始動搖，直到股票暴跌的煎熬超過忍耐極限，才會絕望的殺低，終於完成一個「追高殺低」的心理循環。

不管賣掉後股價跌到多低，我們鑑於自己或別人先前股票套牢所受的懲罰，常以「等更低價再買」來搪塞，也不敢撿便宜。

㈡劇情會重演也會改寫：

股價要漲要跌，無關個人期望。我們最大的盲點就是先有了多空的預期，然後選擇較符合自己期待的數據、指標來穿鑿附會，這樣永遠學不會預測後市。因此，買進股票時，我們不應預設一個遙不可及的目標價，然後算計股價如果達到目標可以賺多少。買對了股票，我們不應預期失敗將臨而淺嘗即止，更不應該倒戈相向而反多為空。

多頭市場中，我們之所以追高或抱牢持股，常是建立在「後面還有人會出更高價來接手」的期望。我們習慣了股價拉回卻有驚無險的場面，當我們失去戒心，準備擁抱另一次技術性拉回時，劇情卻可能改寫。

一般人於順境時較能掌握自己，根據正常的理由行事；一旦陷入困境，亂了方寸，有時會求助專家或束手無策地讓「幻想」牽著鼻子走。跌勢開始時，有的人會和大盤爭論，有的人會責怪某某單位倒股票，當股價表現與預期漸行漸遠，我們從祈禱利多及時出現，到最後只能向市場討價還價，或向市場求饒「只要漲回×元我就脫手」，但市場能如願彈升到某個價位的機率很低，這種毫無根據的期望，只是自我催眠。

既然市場不能遷就我們，我們就應遷就市場，早一步決定如何應對。

未來是從現在開始的拼圖

我們的生活哲學就是在事情發生以後才來面對，關心的是目前的處境，不太在意也不知道如何在意未來的方向。但做股票時關注的卻是未來，不確立方向就無法邁開大步。我們如何從「只看眼前」的慣性中，變得具有前瞻性，而能及時把握當下，在當下做出正確的決定呢？

透視當下的訊息：對當下有全新的體驗，對未來才有想像空間。要領略當下，就不能帶著太多的個人情感，偏執於此時此刻的所見所聞，因為這些見聞常是經過挑選的，甚至是被扭曲過、設計過的，何況我們認為的「新聞」，往往已經是某些特定人士的舊聞了。

而且，眼前的訊息或一時的得失，只是過程中的插曲，已經是既成事實，我們喜歡也好，不喜歡也好，最要緊的是要把內心的感受放下，這樣才能集中心思來推敲未來可能的演變並及時因應。

從被動的「活在當下」，提升到更積極的「把握當下」：剛入門時，我們不必太沉溺於過去，因為這樣會讓人無法自拔；也不必太在意未來，因為這樣會讓人擔心下一步該怎麼走。重點在於「分內的功課做好了沒」、

我操作的定見——不和習慣當朋友

人是情緒的動物，所以情緒會戰勝邏輯；人也是習慣的動物，所以先入為主的定見和日常生活中的邏輯，又會戰勝股票市場的邏輯。因此，除非我們找到一套自己可以信服的系統性方法，並訓練有素，否則我們做決策時，即使不被情緒所左右，也常陷入先入為主的定見，或被日常生活中的邏輯所擺布。

「該下的決策下了沒」，從做功課、下決策的體驗、探索中凝聚智慧。我們即使不知道基本面和技術面將如何演變，但可以在事情發生的第一時間因應。比如說，我們不知道哪支股票的股價將領先創近期新高，但可以密切注意股價比較接近近期新高的股票，等脫穎而出的股票一出現，就可以馬上考慮要不要追進。

我覺得「先有手感，才有靈感」，操練的次數夠多，觀察力自然越來越敏銳，就會漸入佳境，甚至會形成「洞見」。「洞見」不是突然頓悟的，也不是上天賜予的，而是千錘百鍊來的。一般人以為「千年暗室，一燈即明」，只看到別人大放光芒的那一刻，殊不知這些人在發光發熱之前，暗地裡已經操練了無數次。

人是情緒的動物，所以情緒會戰勝邏輯；人也是習慣的動物，所以先入為主的定見和日常生活中的邏輯，又會戰勝股票市場的邏輯。因此，除非我們找到一套自己可以信服的系統性方法，並訓練有素，否則我們做決策時，即使不被情緒所左右，也常陷入先入為主的定見，或被日常生活中的邏輯所擺布。

未來式原則：抓緊黃金時機

我操作上的第一個大原則是「未來式原則」，就是「後市看漲還是看跌？」股票漲了很多或股價看來很高，不該是賣股票或不買進的理由，某支股票賣掉後價位拉高，也不該是不追價的理由；股價已自高檔大幅下滑或股價看來很低，不該是買進或不賣的理由，某支股票賣掉後有了差價，也不該是回補的理由；此外，某支股票過去的表現如何、某支股票現在讓我賺了多少或賠了多少、哪些股票曾讓我嘗到甜點或吃足苦頭，全都無關決策。

剛進入股市，我的持股才剛上漲，我常因為害怕利潤稍縱即逝，或為了滿足心理上的虛榮，就獲利了結一部分。**我操作生涯的最大突破是終於知道：令人惋惜的不是這些股票賣得太早，而是在減碼的同時，往往錯失了應該大量加碼的黃金時機。**

比較原則：懂得放手

我操作上的第二個大原則是「比較原則」，就是「哪支股票比較會漲（跌）？」個股經過比較就有優劣，有優劣就可以取捨，只要能找到更會漲的標的，我就不必介意股票總是買得太晚、賣得太早，買賣股票也變得不再棘手，懂得放手讓我得到更多。

我用機會成本的觀念來取代成本觀念。我不必耿耿於懷於錯過的價位，不必等待該買（賣）而未買（賣）的價位重現。我綜合評估股價漲跌空間和完成漲跌空間的機率，作為汰弱換強的依據。

就像在一個團隊中，領導人不撤換掉不能勝任的成員，往往由於怕麻煩、礙於情面或找不到更好的人選。同樣地，投資人持股經常不動如山的原因也在於怕麻煩、對持股有了情緒承諾，以及害怕越換越差。因此，我們必須尋求能讓自己有信心的方法，才能卸下情緒包袱，追求最佳的持股。

哀！到底何時可以解套

常聽到類似的問題：「我的友達套在七十元，何時可以解套？」我無法預測，但我會找對策，不會為了等待股票解套，而讓資金成為一攤死水。我會評估大盤多空，比較友達和其他個股的基本面和技術面。假如友達後市看跌，我在五十元賣掉而不轉進其他股票，後來友達跌至四十元，帶給我的肯定，相當於友達反彈至六十元；如果我賣掉友達，轉進其他股票，隨後轉進的股票漲幅大於友達當然最為理想，但只要跌幅小於友達，也勉強可以接受。

我們之所以常跟不上股市的腳步，恐懼、貪婪等人性的弱點只是問題的表象，問題的核心在於股市的邏輯和日常生活中的邏輯大異其趣，股市的向前展望和激烈變化，違反了我們處理日常事務時的思考慣性。

此外，做股票時先入為主的定見常阻礙我們向前展望，「後見之明」又讓我們頻頻回顧。就像邱吉爾所說：「**總是為了現在和過去在那裡糾纏不清的話，那你可能會失去未來。**」我信仰《股價趨勢技術分析》一書中提到的，「**市場並不關心過去，甚至於不在意目前！它永遠向前展望。**」我藉由系統化的方法，秉持未來式原則和比較原則，不斷的操練，以期克服這些心理陷阱，擺脫過去和現在的羈絆。

第七課　千金難買早知道

贏家導因不導果
輸家愛放馬後炮

好痛！看對行情卻沒賺到什麼錢

持有的股票有時就像手中揑住的小鳥，感覺到牠一動也不動，心想牠可能斷氣了，沒想到一放手，牠卻飛走了。當某些曾經擁有的股票賣掉後股價卻噴出，我常心情低落得沒有心思進出股票。由於功虧一簣的心理，我覺得看對行情但沒有進場，比看錯行情更令人懊惱；看對行情進場了卻沒賺到什麼錢，又比沒進場更叫人難受。為了減輕股票賣得太早的痛苦，我常幼稚地在它們飆漲到高檔後少量買進，卻暗自祈禱它們趕快下跌，一旦它們下跌，我才得到解脫。

等股市大漲一段後，「最大的利潤來自等待而非交易」之類的話就像緊箍咒，隨著股價的越漲越高，把我纏繞得越來越緊。這時市場總會附和地做出合理的解釋，例如「基本面的優勢至少可以再維持一年」、「傳統的股票評價方式已經不適用」，當我失去戒心把股票放長，接踵而至的總是大跌。

幾經波折，我體會到，如果我們不是某個產業中的專家，也不是可以預先掌握營運訊息的消息靈通人士，同時又欠缺處理市場資訊的成熟方法和經驗，還存著「只要抱牢其中幾支股票就賺翻了」的想法，根本就是自欺欺人。這樣的後見之明存在了三項邏輯上的錯誤。

第一、買進順序的錯誤：我最先買進的股票，常不是後來的飆股，如果從一買進就一直持有而不換股操作，後來哪會與飆股沾上邊？

第二、比例上的錯誤：在我高周轉率的換股操作中，錯賣的飆股只占我經手過股票的極小比例，我曾擁有過的股票中，有的賣得適得其時，我不能只拿錯賣的股票跟自己過意不去。

第三、時間的變數：當初我曾買過而賣得太早的飆股，如果採行長期持有而漠視了危險訊號，沒有在它變調走味前賣掉，至今股價多已慘不忍睹。

因此，我不應拘泥於股票該做長或做短，而耽誤了最佳的買賣時機。我每天不再急於得知謎底，不再每天結帳，不會在剛賺錢或賠錢時就做最後結論。**有時候手中持股的基本面、技術面俱佳，我也會加碼，並擇善固執地逮到全壘打，體驗了「全壘打是安打的延伸」。**

不要和自己過不去

釐清了「不該賣而賣」的迷思，我仍舊為「該做而未做」的事而懊惱。還好，我把「事後證明該做而未做」的事分成三類，分別找到了其中的癥結和因應之道。

第一類、我本來就沒有打定主意要去做，結果也沒做：如果我把未加思索的即興判斷或道聽塗說的建議記下來，其成功率一定遠小於根據我慣用的交易系統來做決策。而且，因為沒有刻意要去做，即使做了，投入的金額也不會太大，多半賺不了很多錢。因此，我必須拒絕在非理性或激情的情況下交易，也不必針對偶爾也會對的即興念頭，跟自己過意不去。

今是昨非只會讓人打不定主意

第二類、經過仔細評估過不該做，我也沒有做：所謂「當煙霧消散之際，火車已經離站遠去」。決策當時對環境的認知不如事後來得透徹，因此，我不必選擇性地以「後見之明」來自責，甚至大言不慚「我早就料到了」。

如果我們老是用「今是」來否定「昨非」，那麼當下決定的事，過些時間也會成為「咋非」，這麼一來，決策怎麼能夠堅定？路又怎麼走得下去？例如民國九十三年的三一九槍擊事件，影響了總統選舉結果，持股滿檔的我，損失空前慘重，但這是經過我合理評估後的決策，沒有什麼好惋惜的，如果我硬要自責為何不在投票前把股票出清，那才是愚弄自己！

如果我們老是用「今是」來否定「咋非」，那麼當下決定的事，過些時間也會成爲「咋非」。

第三類，經過仔細評估過應該做，而我竟然沒做：這才是我最擔心的事。有時，我因盤中分神處理別的狀況，而把該做的事拋諸腦後。我的因應之道就是把想做的事先做備忘，盤中反覆巡視是否已屆執行的時機，並採行分批進出；萬一是今天已經買不到或賣不掉的股票，我明天還可以持續追蹤。有時，當我正要拿起電話執行決策時，也可能因為想等待更完整的訊息，或想到某專家背道而馳的看法，而改變初衷。即使事後證明，我因此反而做對了，我還是會檢討自己為何不守紀律？畢竟，方法正確遠比結果正確來得重要。

世界上沒有時光機器可以讓我們從頭再來。當我們感嘆「如果早知道……」，表示當初我們顯然不知道；當我們感嘆「要是……那就好了」，表示我們已回不到從前。我們常以為搞砸了一件事，另一件壞事總會接踵而至；事實上只有執著於過去，才會禍不單行。就像一個棒球守備員，如果還在想上一個漏接的球，很容易發生連續失誤。

市場是最嚴厲的老師　下一次再起吧

既然後悔沒有用，那我們在行事前，就要先排除可能會造成後悔的因素，多做幾手準備。然而，做股票很難面面俱到，如果因為害怕後悔而停留在原地，永遠找不到出路，因此，我們難免要摸著石子過河，邊做邊試。我雖然期許自己凡事只求盡力，但我畢竟是個凡人，不可能無怨無悔，我只能用較拿手的方法，以分批進出的方式來降低後悔，增加機動性。

我學習在犯錯後懺悔，而不是後悔，找出失敗的原因，而不是找藉口，讓我在繳了學費後能有一些斬獲，懊惱的情緒常因此而舒緩。

市場是個嚴厲的老師，剛開始總讓我們嘗盡苦頭，等我們慢慢摸熟它的「脾氣」，它還是會給我們機會的。

做了該做的補強工作，現在我們不要再去想過去的不好，專心面對下一回合的比賽吧！

第二篇

技術分析撐起我的一片天

「優秀是一種習慣」，「如果你能測試出適合自己的系統性方法，目前的成功只是開始，你將達到遠超過你所能夢想的成就。」

當我走進這間辦公室，就把世界留在外面，我只專心研究圖形。這個房間不論是在大風雪或是六月裡月色皎潔的夜晚都一樣。在這裡，看見太陽出來就說「買進」，看見下雨就說「賣出」。

第八課
在科學的基礎上自由心證

贏家織網捕魚
輸家混水摸魚

一項競技，如果用猜的或僅憑簡單的邏輯來決定輸贏，就無法掌握勝算，那麼賭博的成分越大，越需要靠運氣。像「撿紅點」這樣的撲克牌遊戲，雖然懂得算牌的人勝算較高，但大概每個具有基本智商的人都懂得算牌，所以決定輸贏的還是運氣。相對於靠運氣，如果有一套管用的科學方法，知道自己什麼時候具有優勢，那麼只要在具有優勢時下注的次數夠多，贏錢的機率就會接近百分之百。

不做功課 憑什麼賺錢

做股票的邏輯比「撿紅點」的邏輯複雜多了，儘管拚戰過程中也許要靠一點運氣，但參賽者只有在實力達到一定水準的前提下，運氣才使得上力。但偏偏就有很多人做股票時，放著現成的分析工具不用，隨著感覺或消息起舞，把操作當成賭博，就像出海前不注意氣象預報，早晚一定會出事。

我買進的第一張股票是中纖。民國七十六年底，有一天我注意到中纖逆勢抗跌，而且價位不到十元，心血來潮的買了兩張。直到該股急漲至二十元附近，我才從報上的產業版得知，中纖生產的乙二醇很搶手。我在漲勢中途下車，大約賺了十萬元，隨後中纖飆漲至一百五十六元。我食髓知味，從報紙上挑選營運利多股，但由於買進前股價已經漲多，買進的個股表現大多不太靈光。

後來我才知道，基本面的因素只是導火線，中纖飆漲更是主力一路鎖住籌碼，精心設計的軋空炒作。從此，我每天晚上緊盯報紙上的證券商進出表，找出進出表中買超較明顯的個股，並對照同一個股前些日子的進出情況，來研判主力動態。

民國七十八初，我加入股友社，適逢多頭市場，股友社推出的明牌幾乎百發百中。有一次股友社同時推薦了兩檔股票，即保固和燁甲特，我循例在開盤前各以漲停價搶進一些。燁甲特很冷門，漲停量縮買不到；保固則在漲停價位多空激戰，於是我加碼保固，不料保固尾盤爆量下殺。由於主力藉由燁甲特掩護出貨，保固隔天一開盤就量縮跌停。

事發後，這家股友社改名另起爐灶，我則從原來自詡的「天生贏家」，被打回「股市菜鳥」的原形；也醒悟到，股市無捷徑，求人不如求己，我需要提升自己獨立作戰的能力。

股市無捷徑，求人不如求己，需要提升自己獨立作戰的能力。

積極參與除權息　獲利有規則可循

挨股友社一巴掌後，我更致力於除權息行情的操作，尤其是除權行情。我很早就發現到，股票除權前有一些人因稅負的考量而棄權，加上除權前三個交易日不得融資，因此在除權前，股價常自漲勢中拉回。我鎖定進出表中買超較明顯而且最好持續數日的準除權股，把握住除權前的拉回時機買進。由於資金有限，我在個股部分填權、漲勢稍歇時，轉進更好的除權標的；有時見苗頭不對，我在股票股利尚未發放前先行融券放空。密集的參與除權，是我在股市第一個較具系統化而且成功的方法。

退伍前的一場車禍，讓我失去了當證券記者的機會。痊癒後，我到號子看盤，卻發現自己做的是類似證券記者的工作，只不過蒐集的是更次一手的消息。我豎起耳朵聽號子裡其他人竊竊私語，然後跟著蜚短流長；我們也針對股價的漲跌捕風捉影，某支股票上漲，我們推測這是某業內或公司派的傑作。股票急拉時，營業廳內一片掌聲；股票急殺時，營業廳內一片死寂。我不能分辨真相，不能獨立思考，別人怎麼做，我就跟著做。

績效的不佳讓我懷念起當兵時那段努力做功課、獨立判斷的歲月，那時的我旁觀者清，以遺世獨立的高人自居；如今的我當局者迷，只是一群烏合之眾當中的一個成員。

金融市場提供人性投機的出口

但我也沒有清醒太久，民國七十八年底，我被投資公司錄用後，仍舊在號子看盤，因朋友的介紹，認識了某主力內圍人士。她推薦我買進公司派配合做多的旭麗，我買進旭麗後，該股股價彷彿是照她事先寫好的劇本演出。我慶幸自己從逢廟必拜的趕場中，終於找到落腳的信仰中心。

我斷然的把全部持股轉換成旭麗，決定孤注一擲。不久大盤回跌，旭麗起初雖然頑抗，終究還是跌到我的成本價附近。雖然該主力內圍人士一再保證，我還是嚇得出脫了大部分持股。過沒幾天，旭麗無量崩跌，我驚魂甫定，才發現自己一度走到了懸崖邊。

我決定遠離交易廳，在公司租來的辦公室看盤。我開始看一些股市發展史的書，例如《漫步華爾街》，了解到從十七世紀初的鬱金香狂熱，到後來的網路概念狂熱，都印證了雖然主題、時空不同，但人性的貪婪總是不斷的找到出口，而金融市場總能適時提供工具來助長投機。金融市場中炒作的題材雖然日新月異，但都只能流行一時，亙古不變的是人性。因此，金融操作基本的思考方向，應該由人性的角度切入。

我發現泡沫行情總是一再重演，但在泡沫剛開始形成時，總有一些泛泛之論提醒我們市場已過熱。為了怕泡沫破滅，因而錯過了泡沫破滅前波瀾壯闊的大行情，形同因噎廢食。泡沫行情意味著股價將跳脫基本面的束縛，因此以基本分析預測股價波動是不夠的，此時根植於空中樓閣理論，用以推敲市場其他參與者心理的技術分析，將適時提供買賣點，幫我們克服面對泡沫行情的恐懼和貪婪。

結合基本分析和技術分析

此外，也因為人性，金融市場的邏輯是迂迴的。即使基本面向我們招手，但如果時機未成熟就躁進，可能在走勢回歸基本面前，我們早已被非理性的力量吞噬，或不耐煩地出場了。因此，除了基本分析，我們還要結合技術分析來掌握買賣點。

剛進入股市，市場小道消息就是我的基本分析，而「××一百招」之類的速成書籍就是我的技術分析。後來才知道，小道消息每多傳一手，真實性和價值性就隨之降低；而這些技術分析的速成書籍，只是片面提供一些過度簡化的招式，而不是系統化的方法。

到投資公司上班一年後，公司聘請了一位總經理。他是做期貨起家的線仙，每天親手畫線，隨身攜帶幾捲線形圖，嚴禁任何人碰觸，這是他的倚天劍、屠龍刀。行情持續大漲時他說：「留一點給別人賺！」當時我是個短線客，我的問題在於「留太多給別人賺」，對他的話稍可理解；行情持續低迷時，他頗富哲理的說：「幫別人接手一些燙手山芋，好心會有好報！」這令我相當納悶，因為空頭行情很難出現好買點，我們又不是慈善家。

後來他告訴我：「『人棄我取，人取我與』之類的話如果沒有根據，只會淪為口號，我的根據就是量化的技術指標。」他小心翼翼翻開他的卷軸，自信地說：「你看！每次這個指標跌到這個相對低檔，股價就不太肯跌了，股價即使破底，也很快就會漲回來。」我隱約感受到這些指標蘊含的威力，但我和總經理之間的層次相差太過懸殊，他的講解就像「雞同鴨講」。為了拉近差距，我報名參加了某投顧的技術分析研習課程。

併用量化、非量化數據和想像力

參加了技術分析研習課程，我前所未有地感受到股價結構裡，蘊含著高度規律的漲跌脈動，我從看似亂無章法的波動裡，發現了它亂中有序的一面。不管個股是來自內心的直覺、他人的告知或媒體上的報導，我可以同時追蹤許多個股，用同樣的一套技術訊號檢視，進行系統化的解釋，來預測後市的漲跌。

我們在處理資訊時，常會利用一些捷徑來縮短分析時間，卻常因為遷就於情緒因素或先入為主的定見，或因為沿用日常生活中的經驗，而造成反效果。股票投機講求時效，做決策時更有可能擴大了這些心理偏差而過度簡化。**就像棒球賽中，當進攻者即將攻占壘包，守備員因感受到壓迫，常常球未接好就迫不及待地想傳球。**上一個動作

未完成，就急著想做下一個動作，常會造成失誤。

但這不意味股票投機行不通，我認為要靠股票投機賺錢不容易，但不靠股票投機要賺錢更難，要緊的是，認清常見的心理偏誤，然後應用簡單化、重點化的基本分析和技術分析，排除心理面的干擾。

做股票就像寫作，最複雜的事情莫過於把抽象的東西具體化或量化。還好，群眾的心理雖然抽象，股票的供給和需求如何產生也很難捉摸，但群眾供需互動產生的均衡點──價格和成交量，以及由兩者衍生出的指標，卻可以用來衡量群眾心理。

就像寫作時，我們用具象的詞彙來形容抽象的事物，好讓想像有所依據，為了把抽象的群眾心理具體化，我以符合「簡單具體」原則的技術指標做決策的依據，這不但能克服心理上的偏誤，提升決策的品質，還能提高決策速度，這麼做也符合人性中服從一套秩序規範的渴望。

就像寫作時，我們還必須用抽象的詞彙來形容具象的事物，以增加想像空間；同樣地，做股票時，光靠量化的基本面和技術面資訊還不夠。

就基本面資訊而言，我除了從營運數據大放異彩的公司中找線索，也從其他不能量化的新機會中找線索，然後審視該公司管理階層的誠信和品質，以及產品的未來性等不能量化的資訊，運用想像力來評估其股價有多少的調整空間。

就技術面資訊而言，量化的技術指標個別來看常存有模糊地帶，例如，當價格走勢跌破上升趨勢線，有時具有重大的反轉意義，有時卻只是拉回修正趨勢線的角度，然後持續向上；而且，技術指標間常多空不一致，必須依自由心證來整體評估。

棒球守備員要等球確實接進手套，再做下一個動作，才不致忙中有錯。而金融操作者為了增加選股的廣度和深度，除了隨時注意即時新聞，偶爾也要參考媒體或朋友推薦的股票。但面臨做決策的時間壓力時，一樣要「動作確實」地遵守操作紀律，才能快而不亂，也就是市況必須符合自己設定的操作原則，才考慮採取行動。

即使股市有時不按牌理出牌，但我們先搞清了「牌理」，才能跳脫到更高的層次，憑直覺來應付不按牌理的走勢。

要理直氣壯賺大錢

做股票要賺大錢涉及兩個層面：操作規模和時機。所謂「理不足則氣不壯，勢不足則事難成」，惟有審時度勢，理直氣壯了後，才敢大進大出，這樣才能賺大錢。「理直氣壯」的依據，就是基本分析和技術分析。我覺得光是應用基本分析，做股票的勝算就比賭博還高，如果再加上技術分析，做股票更不是賭博，而是一種行業。

在股市，即使是可以量化的資訊，也常要因時制宜，何況有的資訊不能量化。技術面和基本面的資訊，不能套公式轉換為簡單明確的答案，其中存在著自由心證的空間，勝出與否的關鍵，在於我們能不能把資訊轉化為正確的概念。誠如傑克．史瓦格在他的著作《新金融怪傑》中提到，「**我訪問過的操作者中，凡是能夠做到極高報酬、極**

低風險的人，總是靠自由心證作業（就是在內心吸收消化各種市場資訊後做成操作決策，而不是根據電腦製造的訊號操作）。」

第九課
技術分析比你想像的有用

贏家技術本位
輸家口沫橫飛

股市投機的成敗關鍵，繫於能否正確判讀市場，亦即在關鍵時刻判讀出市場資訊蘊含的機會，並適時的回應。市場資訊可分為基本面消息、市場動態和技術指標訊號。

有的投機客是洞燭機先的預言家，能夠從蛛絲馬跡中準確預測政經情勢、社會動向和產業趨勢，並從容布局謀取暴利。次一等的投機客是思考型的實踐家，他們善於從每天如潮水般的消息中，區隔出流言蜚語或是有用的訊息，推斷該消息對股價是利多出盡或仍具剩餘價值，從中獲取價差。

信仰是一種體會

我自忖資質、人脈不足，很難躋身預言家之林，於是致力提升自己對市場消息的穿透力，卻常感到真相在第一時間被蒙蔽，事情的樣貌也被扭曲，幸好我還有拿手的技術分析，才可以在充滿情緒的市場裡，透視昨天和今天股價變動的含義，推敲相對應的市場心理，提升自己對價格波動的預測能力。

一開始，技術分析就像我的聽診器，研判後市時，常有很多模糊地帶，經由不斷的嘗試錯誤，技術分析已升級成為我診斷行情的電腦斷層，對股市的圖像更能兼顧每個層面，也更加精確具體。一些陳義過高、反市場心理的老生常談，例如「利空雲集下，股價不跌時是最佳買點」、「景氣循環股應賣在低本益比」等籠統性說法，在不帶感情的技術分析支援下，我才得以找到相對應的買賣點，才敢有恃無恐而且方向正確地反市場進出。我不再輕易相信市場權威名師，不再盲目的「拿香跟著拜」，我也可以開發自己的明牌。

我最常被問到：「行情怎麼看？買什麼股票？什麼價位可以買（賣）？」「指數會跌到哪裡？股票套牢了怎麼辦？」「媒體看好的個股，能不能追高？」這些問題都是一言難盡，也沒有標準答案，但應用技術分析，可以找到系統化的合理解答。

求人不如求己，投資人要相信技術分析，就像信仰某個宗教一樣，可以先看些別人受惠的例子，產生初步的信仰，經過了「聽得進」、「搞得懂」和「用得上」三個過程，從體驗中產生堅定的信仰。

技術分析提供了想像的翅膀

技術分析根植於空中樓閣理論。經濟學家凱因斯曾說，「**預測經濟基本面的長期趨勢很難，預測群眾心理可能比較容易。**」他在一九三六年清晰的闡釋空中樓閣理論，「**投資人不該把精力浪費在估算股票的真實價值，而該用於分析投資大眾未來的動向，以及在樂觀時期，他們會如何把希望建築為空中樓閣。**」

技術分析派的經典名著，由羅伯特・愛德華茲和約翰・馬吉合著的《股價趨勢技術分析》，定義技術分析「**是一種方法，通常採用圖形的格式，來記錄某支股票或大盤指數的實際交易歷史，然後根據圖形的歷史紀錄，推測未來可能的發展趨勢**」。

這是一九四八年出版的書，今天的技術分析，除了圖形外，也衍生出了更多有用的指標。

技術分析的基本假設在於市場是一個敏感的機制，所有基本面和市場面的訊息，不管是媒體上已經公開的事實、台面下發展中的事件、投資心理的理性和非理性因素，以及買賣雙方的實力等所有相關因素，都加權結合為單一的數據，那就是成交價。

技術分析派認為，他們所關注的成交價，已經反映了公司的財務報表、景氣和人氣，既涵蓋了基本分析的資訊，也多了基本分析所忽視的非理性因素和籌碼面因素。技術分析不強求是什麼原因造成股價的波動，而要借助歷史總是重演，由辨識目前走勢的型態，推斷未來股價「將如何」。

技術分析不強求是什麼原因造成股價的波動，而要借助歷史總是重演，由辨識目前走勢的型態，推斷未來股價「將如何」。

我們要聽得進技術分析，首先要破解一般人對技術分析的四點質疑。

第一個問號：過去歷史是不是今日種種？

針對技術分析的第一個質疑：「我們不能由過去的股價走勢來預測未來的股價。」

如果說股價走勢完全是隨機的，不能從過去的價格走勢來預測，那麼怎麼會有數以百計的人，有操作紀錄為憑，證明他們長期以來每年都擊敗大盤，而且每年都賺錢，甚至有的人幾乎每個月都獲利。

先不用爭辯市場的價格行為到底是不是隨機的，我們至少可以肯定的是，價格在有些時候不是隨機漫步，而是有脈絡可循的。大投機家傑西．李佛摩就一再利用華爾街的幾次價格突破而大撈一筆，他省悟到，「**價格變動不過是一再重複。**」

《股價趨勢技術分析》一書中也提到：「**股市中意外情況發生的**

機率，實在不如初學者想像的那麼高，……我們可以輕鬆提出十倍數量的例子，藉以說明過去所發生的一切，仍然重複發生於最近幾年。」

股價走勢的確很難預測，但這不意味不能預測。如果股價走勢非隨機的部分那麼顯而易見，投資人就沒有優劣之分了。如果我們未經摸索，就認為股價走勢是隨機的、不可預測的，那永遠無法預測股價。我們首先要相信市場走勢有時是非隨機的，然後才能找出方法來感應它的存在。

就我的觀察，在有些時候，股價的走勢型態的確具清楚的結構性，包括雙重底、頭肩底、幾乎平行的趨勢通道等；在關鍵時刻，某些技術指標也的確能用來預測後市。尤其自從不按牌理出牌的市場主力銷聲匿跡後，線形上的人為操縱痕跡明顯減少，技術指標和線形更具穩定性和一致性。

第二個問號：長期投資會不會賺更多？

針對第二個質疑：「一些學者專家經電腦長期測試的結果顯示，沒有任何一種技術分析方法，勝過隨便買、不要賣的策略。」這個質疑本身包含了三個盲點。首先，沒有人可以測試過「所有的」技術分析方法。

其次，電腦每次測試時，都分別僅以一個指標來做進出的依據。事實上，技術指標集體運作的效果最好。電腦無法像人腦般，在不同的走勢型態下，將每個指標視情況給予不同的權值，而加權結合成最後的進出指令。

最後，這個比較期間，可能大部分時間處於大多頭市場，如果你因此心動而採取買進並持有的策略，但接踵而至的是長期的空頭市場，那麼你的損失照理說也會大於依照技術分析操作。

比如說，民國七十八年六月我退伍時，媒體最愛報導，如果長期持有國泰人壽報酬率有多驚人。當時國壽每股價格一千七百元，股本為二十八億元，我如果因而東施效顰的買進並持有，至民國九十三年六月底還在套牢。

正如邁克爾．斯坦哈特所言，「在一九五〇和一九六〇年代，**長期投資人是英雄；今天，聰明的人是英雄。**」

令技術分析初學者感到氣餒的，莫過於美國基金評鑑公司晨星的結果論，「在**《富比世》四百大美國富人中可分成三類：創業家、長**

期持有的投資人和繼承祖產的人。買低賣高或技術派投資人很少名列其中，每日進出市場的人根本擠不進名單內。」這存在兩個盲點。

首先，像巴魯克和科斯托蘭尼以投機起家，但隨著年紀和資金的增長，才加入投資者陣營，他們到底該算是投資家還是投機客？其次，我覺得投資人進入股市，為的只是圓一個**財務獨立**的夢想，而不會幻想成為世界首富。世界上只有少數幾個巴菲特，卻有成千上萬靠技術分析圓夢的投機客。尤其是近年來，上市公司蔚為風潮的員工分紅配股，乃至於員工參與現金增資、特定人詢價圈購，以及不當的發行可轉債和優先股等，都在在稀釋了原始投資人占該公司股權的比重，平添長期投資的風險。

第三個問號：廣被採用的訊號是不是一定靈？

第三個質疑：「某項技術分析方法果真管用，投資人一窩蜂的仿效，就會讓它失靈。」

的確，技術分析之所以準確，是因為有部分人相信，有部分人懷疑，某項指標如果廣泛被採用，就不再有效了，因為每個人都想制得機先。

所幸市場上迷糊的人不少，就算全部的人都變得精明也不足為慮，因為技術指標要集體運作，在有些情況，某個指標的重要性會超過其他指標，各指標的重要性視情況而改變。某項廣為人知的技術訊號出現賣點，卻可能有其他更重要的技術訊號背道而馳，惟有經驗豐富的人，才能一窺全貌的客觀研判。

而且，就我的經驗，技術訊號會有自我調整的機能。在某段時間，某項技術指標特別靈驗，等到投資人競相採用，它就慢慢失靈。等沈潛一段時間，大家不再過度重視它，它又恢復往日風采。但整體而言，經過充分測試的指標，還是保有一定的信賴度。

雖然技術分析的微妙只能意會，很難言傳或教條化，任何決策也要考量許多因素來綜合評估，我還是嘗試以簡化的例子來闡釋上述的說法。眾所皆知，走勢圖上頭部或底部所形成的壓力或支撐，非常明確實用。在歷經漫長的多頭走勢後，投資人對手上持股跌破短期底部支撐，起初不以為意，但若破底後該股票跌幅擴大，他就會警覺地出脫手上其他剛跌破短期底部的個股。如果線形結構趨向空頭，這時破底停損會成為市場共識，下一個線形底部支撐可能也是不堪一擊。

如果股價終於探底完成而反彈，當反彈結束拉回後，有的人因為害怕股票下探底部支撐時，傾巢而出的賣壓太強大而來不及賣出，因此，他們不會等股價跌破反彈前的底部支撐再減碼，而以短期底部連接前一波低點形成的修正上升趨勢線的跌破，作為是否脫手的依據，這時趨勢線的重要性就高於底部支撐。如果股價跌破這條修正上升趨勢線，卻未破底而形成N形底，有的人會以連接這個N形底兩個低點形成的趨勢線是否跌破，作為減碼的依據。

假設股價破底後再次向下探底，然後反彈，當反彈結束，上一回的歷史可能重演，持股者可能又會殺紅了眼。但如果再次破底後，因季線乖離過大，或下檔碰到強力支撐，股價隨之反彈，那麼殺低的投資人，下次碰到股價破底時，可能就不會急著賣股票了。

第四個問號：到底怎麼做股票？

第四個質疑：「技術分析派不靠市場消息，也可以做股票。」

民國八十年初，敝公司的新任總經理一走馬上任，就嚴格禁止我在公司內傳遞任何市場消息，以免市場消息干擾了他的技術訊號。對我這種靠市場消息才能做股票的人，這真是一大酷刑。

後來，我拜讀《漫步華爾街》，書中提到約翰·馬吉的工作室，連窗戶都用木板釘上，以防外界干擾，我不禁會心一笑。馬吉說，「當我走進這間辦公室，就把世界留在外面，我只專心研究圖形。這個房間不論是在大風雪或是六月裡月色皎潔的夜晚都一樣。在這裡，我不會對客戶不盡職，看見太陽出來就說『買進』，看見下雨就說『賣出』。」

技術分析派認為，市場面和基本面已公布的資訊和潛藏的內線消息，都已反映在股價上，因此，有些純粹技術分析派的專家甚至連報紙都不看。事實上，某些資訊是突發的，不可能事先反映在股價上，我們也不能對這些資訊不聞不問。例如，民國九十三年二月十三日收盤，我看到太設的走勢亮麗，本想等下一個交易日加碼買進，豈知隨即傳來太設跳票的新聞。萬一我不明就理，在開盤前掛進太設，豈不是自投羅網？

即使是馬吉也曾在書中提到，他不建議投資人完全漠視市場消息做股票，「**但如果這位技術分析家具有足夠的經驗，即使他不知道某支股票的名稱，只需要有涵蓋期間夠長的股價走勢圖，就足以獲利。**」

經過多次消息面干擾技術面的切身之痛後，我終於釐清多年來的疑惑。

原來，純粹技術分析派未必全盤否定市場資訊的價值。他們可能認為，突發的重大事件並不多見，內線消息也是可遇而不可求，即使沒有內線消息，他們也可以自線形或指標中，感應出利多或利空正在醞釀。

我應該算是個基本技術分析派

市場消息對他們而言弊多於利，既然不可能視若無睹而不被干擾，乾脆謝絕消息眼不見為淨。但對我而言，基本面資訊是我買賣股票的重要誘因，我只能儘量堅持以技術分析做最後決策的依據，我算是個基本技術分析派。

絕大多數的投資人和分析師都是基本分析派。技術分析派所關心的股價，乃是市場對股票所認定的價值，而基本分析則關心股票的真正價值。基本分析專家查閱公司財務報表，分析未來每股盈餘和股利，再參酌利率水準等來認定股票的合理價值，當合理價值和實際價格嚴重背離時，他們便準備行動。

基本分析具有以下三個瑕疵：

一、資訊和分析可能不正確。

二、股價的合理價值很難認定。

基本分析具有三個瑕疵：

一、資訊和分析可能不正確。

二、股價的合理價值很難認定。

三、合理價值和實際價格的差異，事實上隨時隨地都存在。

三、合理價值和實際價格的差異，事實上隨時隨地都存在。

此外，基本分析最大的盲點就是忽視了投資行為中的非理性因素。基本分析判定股票合理價值所用的本益比，隨著市場的情緒起伏而修正，再加上融資的助漲或助跌，因此，令基本分析者難以置信的超買或超賣，總是不斷的上演。

一般投資人所謂的基本分析，更是等同於追逐明牌或內線消息。就我當年追隨主力進出旭麗的經驗，印證了傑西．李佛摩所言，「**你產業內圍的朋友可以通知你買進，卻無法偕同你賣出。他要真的這麼做，就是背叛他的合夥人。**」因此，即使你是極少數具內線消息的幸運兒，也必須學習技術分析，來判斷市場氣氛會將股價推向何處，才能善用你的優勢；而對市場資訊不對稱的一般投資人，惟有以技術分析扳回頹勢，才能受到股市公平的對待。

第十課
先搞懂技術分析，然後讓它行得通

輸家不是把做股票看得太複雜，就是看得太簡單
贏家把交易的複雜性條理化，把做股票變簡單

馬吉認為技術分析「顯然不是精準的科學，因為任何的法則都有例外。它需要根據許多因子進行評估與判斷，而這些因子往往互相衝

突」。

心法：領悟圖形的美妙

但馬吉並不像科斯托蘭尼把股票投機視為藝術，因為藝術難免讓人聯想到天才橫溢。馬吉認為，**「圖形分析僅需要技巧，而任何具有正常心智的人都可以取得必要的技巧」**。他並認為，能夠洞燭機先的判讀圖形潛在發展，不是一種罕見的能力，也不是一種「頓悟」，而是經過深入的研究與長期的經驗培養，所逐步累積的直覺。

馬吉認為，實用的技術線形或指標應具備以下四點：一、相對單純，大體上很容易由直覺的角度解釋它所代表的供需意義；二、它們遵守最根本的原理；三、它們相輔相成；四、它們不會讓我們期待過多。這四點也符合了西洋棋大師布魯斯・潘道菲尼下棋的心得：「**可靠的戰略，必須簡單易記、邏輯清晰。**」不管選用什麼指標，我們必須能把這些選用的指標解釋得很清楚，也就是說，透過指標觀察投資人的情緒如何轉化成買賣單，造成市場的波動。

我起初嘗試從書上學習技術分析，但坊間相關書籍總是厚厚的一大本，甚至兩大本，提及的指標更是繁多，令人不知從何切入。參加了技術分析研習課程，我跨出了第一步，但學到的技術指標不過就是專業報紙上常見的那幾個。

真正教會我技術分析的是股市。我把課堂上教過的指標及其應用方法，逐一套用在過去的走勢圖，驚訝的發現，單一指標的成功率常只有五、六成，這跟「用猜的」又有什麼兩樣？其實不然，技術指標一旦集體運作，準確率就會大為提高。

我從中學到了重要的一點，那就是我們不一定要去上技術分析的課，可以先從書上切入一些常用指標的公式和應用說明，但切記有個概念就好，不要全盤相信書上的解說，然後以過去的走勢圖來驗證。只有禁得起市場考驗的指標和方法，才有統計上的根據，才能據以形成自己的操作原則。

心法：虧損也是經驗上的獲利

我歸納比較這些訊號的關聯性和適用時機，並統合這些指標來模擬交易。我就像回到學生時代，從走勢圖的考古題裡抓重點。我每天頻繁地從股票過去和現在的走勢，來印證技術指標的適用性，然後做重點複習。

就像考生大考前用密集的小考來暖身，我積極地在市場上小額進出來熟悉市場；就像考生經過了充分的演練，等大考時一看到題目，就知道哪些題目志在必得，從哪裡切入最快，我經過不斷地演練，慢慢知道在什麼情況下可以放手一搏，什麼情況下必須多看少做，也知道做決策時從哪裡切入最快。

我發現從紙上談兵到穩定的實現獲利，大約經過一年多的時間。在這段過程中，每當我遭受打擊，我總會想起傑西．李佛摩的交易方法也才只有六成的準確率，而科斯托蘭尼也說，「**每次交易上的虧損，同時也是經驗上的獲利。**」

短、中線技術指標各有所用

我恪遵馬吉以簡御繁的精神，使用過的技術線形或指標不過就是K線、型態、趨勢線、移動平均線、短天期RSI、9KD、MACD、乖離率、融資融券餘額和成交量。

除了末二項，其餘都是價格的型態或指標。其中某些項目在某些時候具有一致性，例如在多頭市場中，主要上升趨勢線常和季線亦步亦趨；有些項目也需要相輔相成，例如型態的完成要借助趨勢線、頸線和成交量。每個項目的實用性視當時型態而有所不同，例如箱形整理時，很難以移動平均線做進出依據，日KD相對靈驗；此外，關鍵價位的功能也經常互換，原來的線形支撐，一旦有效跌破，反而成為後市的壓力。

我採用的技術訊號，大都很容易解釋它的意涵。除了走勢圖的高點和低點，我最重視的是六十日移動平均線。六十日均線就是**季線**，它的數值代表著這六十個交易日來的平均買進成本。它上升或下降的角度和趨勢，代表著最近一個交易日和六十個交易日前追價意願的相對強弱。當股價自高檔下跌至季線，也就是這六十天買進的平均成本，大多數持股者開始有面臨虧損的迫切壓力。

一旦跌破季線支撐，常見追殺賣壓，也預告中線空頭的來臨。如果股價持續探底，等季線走平反轉，宣告中線空頭確立。

我也曾涉獵艾略特波浪理論，總覺得該理論有太多主觀的假設和一些後見之明，實在難以派上用場。後來，我再沒有持續尋求更有效的技術分析方法，因為我原來的方法，在反覆的實戰測試後，已慢慢的奏效。

心法：選用技術訊號就像交朋友，在精不在多

我體認到，選用技術訊號就像交朋友，在精不在多，重點是你必須隨時對它們保持關注，才不會疏遠。而且技術線形和指標要集體運作，運用的指標太多，除了不容易一一掌握外，也很難整合。

剛開始，我總在每個交易日看每支股票的日線，只在星期日才看看周線。因為短線進出，我較少受賠錢套牢凌遲，但常有該賺未賺的扼腕。我雖不是籠中鳥，卻是驚弓之鳥。

發現自己抓不住飆股後，我改弦易轍，每天同時研究日線和周線，偶爾也看看月線。周線或月線使我了解大致的趨勢和輪廓，讓我

建立一種宏觀視野，而日線圖則幫助我細部分解。

我是個短中線操作的投機客，因此用季線作為判定多空的主要依據之一。至於日線圖上的短天期RSI、9日KD等相當敏感，雖然在短線操作頗具實用性；但在波段行情，容易導致投資人在行情震盪時太早出脫持股，在跌勢市場，也常因搶反彈而被套牢，因此同時看日線和周線圖，可以兼顧操作的靈活性和波段的趨勢。

心法：我已懂得忍一時，躬逢其盛

前日本職棒明星秋山幸二說，「每個打擊者都要有自己的打擊假想線。」因為如果打擊者擅長打的好球都打不到，何況是不好打的球呢？雖然也會因此而錯過一些邊邊角角的好球，但只要咬住設定的好球再出棒，卻有極高的安打率。

同樣地，我們應等待拿手的技術訊號即將出現或已出現買賣點時進出，才有較高的勝算，這樣雖然不會買在最低點、賣在最高點，卻也不會買在最高點、賣在最低點；雖不能每一擊都中的，但判斷正確時，卻可以攫取較多的利潤，用以彌補判斷錯誤時的損失。

打擊者最大的機會是逮到對方投手失投的「甜」球，股市投機客的最大機會則是逮到大部分投資人都已失去理性的行情。

一般人採用能讓自己心安的方法，或根據經驗法則來操作，只敢買績優股、低價股、股價淨值比低的股票或低本益比的股票，並遵循「不要追高殺低」、「買黑賣紅」或「逢高減碼」的原則，也因為這份安全感付出了代價。正如威廉・歐尼爾所說，「**股市最矛盾的狀況之**

一就是，看起來已經很高的股價，往往還會飆得更高；看起來很低的股價，經常會跌得更低。」

我「買紅」的次數遠多於「買黑」

一般人只追求不輸錢，只想做穩當的交易，他們採取守勢，而不願意處心積慮賺取大利潤；他們追求較高的成功率，而不是追求較高的期望值。另一方面，因為市場大部分時間處於區間整理，高出低進的成功率較高，由於慣性使然，他們在多頭市場不敢追高，在空頭市場也不敢殺低。但更糟的是，在相對低檔不敢追高的投資人，常常會因為股價在相對高檔整理了一段時間，習慣了高股價而跑去追高，而且不知道何時開溜。同樣的道理，他們會在相對低檔賤賣持股。

事實上，如果市場大幅拉回，讓我們有便宜貨好撿，這可能意味走勢沒有原先想像的強。

以前當我的持股漲到面臨線形或技術指標的反壓時，我總以短線過熱為由退出觀望；但若賣掉後，股價看回不回，我也不敢承認錯誤的追高回補。一再的錯過飆股，讓我改變作法。當我以更高價追進先前賣掉的股票時，我把它當作是買進另一支不同的股票。

我更進一步發展出「分批進出、突破追進」的操作方式。例如：當我的持股面臨前波高點而漲勢猶豫，我會減碼轉進其他漲勢可能更為凌厲的個股。如果減碼的個股拉回不深或相對抗跌，漲勢再起時，我會加碼買進，一旦突破前波高點，我也會在第一時間再度加碼。萬一該股看回不回，一路創新高，我也會果斷的及時追高搶補。偌若該股該強不強，突破新高後立即跌破原來的高點，我也會視其他技術指標的位置來研判減碼的幅度。

萬一該股看回不回，一路創新高，我也會果斷的及時追高搶補。若該強不強，我也會視技術訊號減碼。

我堅信「股價創新高必有重大意義」，**創新高的股票就像發射台上點火待發的火箭**。事實上，讓我獲利最多的交易，不是買進那些價格在底部附近的股票，而是買進能創新高價的股票。

隨時建立基本持股

我很驚訝的發現，一般人不敢追高，不只是不敢追近期漲幅已大的股票，連股價才剛漲一兩天就買不下手。我認為在多頭市場我們要積極切入，至少也要先建立基本持股，情緒才不會焦躁。我們也要一改「逢高減碼」的習慣，除非有更好的標的，不要賣掉正在上漲中的股票，只要該股票具漲升空間，還要往上加碼。

我有一位朋友，平常不太留意股市，只有聽到所謂的明牌時才進場。他認為股市致富端看人際關係和運氣，「千線萬線不如內線，景氣人氣不如手氣」，在道聽途說間遊走了近十年，財富像浮雲般聚了又散。

做對「買」、「賣」皆令人興奮

後來，他看了傑西．李佛摩的書，領悟到「股市制勝的關鍵不是鏡花水月般的消息，而是扎實的交易能力」，因而潛心學習技術分析，決定以股市投機為事業。民國九十三年五二〇大跌前，他慣用的技術指標出現賣點，果斷的在六八〇〇點上下全數出清持股。指數大跌後，他難掩興奮地告訴我，「我竟然獨立研判而抓對了市場！」

他接著說：「當我的技術指標出現賣出訊號，我一度舉棋不定，但想起李佛摩書中所提到，『**當危險訊號向我們招手，如同一列特快車朝我們衝過來，我不與之爭辯，先跳開再說，等列車過去後，我還可以選擇要不要走回鐵軌上。**』所以，**我孤注一擲地賣光股票。**」他餘悸猶存地說：「不過我很擔心，目前的獲利純屬僥倖，好運就將用完。」我引用亞里斯多德的「**優秀不是一種行為，而是一種習慣**」來安慰他，並告訴他：「如果你能測試出適合自己的系統性方法，目前的成功只是開始，你將達到遠超過你所能夢想的成就。」

我不喜歡在一成不變的事物中打轉，嚮往布袋戲台詞中「**機裡藏機、變外生變**」的新奇世界。在股市摸索了二十年，我還是沒能找到一套穩操勝券的方法，但股市的無限可能性，反而更令人著迷。

剛學習技術分析，我就強烈感覺到，技術面的因素的確會影響行情。雖然還有一大段路要走，但一旦搞懂了技術分析，再加上基本分析，我就擁有成為股市贏家的利器。對於不尋常的走勢，我學習用技術分析控管風險，以免被災難性的跌勢所吞噬；對於有跡可循的走勢，我學習用技術分析鑑往知來，讓自己隨著股市的巨大能量一起成長。

第十一課
遵守技術訊號操作

贏家把別人的意見當參考
輸家把別人的意見當藉口

球員在球場上如果一意孤行，不遵照教練的戰術打球，即使建了功，還是會被教練責怪，因為即興式的機遇戰，理論上成功率遠不如系統戰。

同樣地，如果投資人不能堅守以技術訊號為依據的單一交易系統，隨著消息面或自己的感覺起舞，就很難印證技術分析是不是管用。即使賺了錢，但賺錢的來源是隨機的龐雜訊息，很難如法炮製，這不是有效學習。這種不扎實的勝利，如果只是比賽幾回合，可能勝負互見，但如果戰線拉長，注定要一敗塗地。

心存僥倖將自食惡果

我歷經民國九十三年三二〇後的操作，再次發現自己還是不能完全守紀律的遵照技術訊號操作。總統大選後的跌深反彈，當我為自己的整體獲利即將領先大盤創新高而沾沾自喜時，市場正要給我好好地再上一課。我手上的DRAM和面板股，股價頻創新高，當它們漲勢猶豫或出現疑似危險訊號時，我開始酌量減碼。我在茂德相對高檔的二十四元附近出脫了三分之一持股，隨即從報上得知力晶公司在該價位買進茂德股票，我的賣出動作因而暫緩。稍後力晶和友達董事長相繼公開看好自家產業景氣，並為股價叫屈，也延緩了我在高檔減碼力晶和面板股的速度。

此外，我一直惦記著那一年將配息三元的中鋼，即使它的股價從反彈後高點跌到三十三元時，技術訊號出現了賣點，我也只減碼了三成。至於選後重挫的通航概念股，由於反彈不如預期，我也無視技術訊號，一張也賣不下手。直到大盤跌破六十日線的六六四五點，我才亡羊補牢，將總持股降至五成以下，但這時勝負已定，我的損失空前慘重。

領悟：賠錢的人都會自己安慰自己

技術訊號出現買賣點後，干擾進出的因素包括心理面、市場面、基本面和技術面。

第一、干擾進出的心理面因素：運用技術指標時，如果把自己的情緒帶進來，就很難解讀出指標中透露出的市場情緒，甚至會視而未見。像是股票出現賣點時，我心存僥倖地認為「這次將不一樣」，或安慰自己「賣壓雖然沉重，但低檔也有接手」。股票賣得掉當然就有人買，後市端看買賣雙方的實力和意願。先不論籌碼的歸宿，當股價弱勢跌破關鍵點，多頭已落居下風。

其他干擾心理面的因素，例如：對股票有感情、成本觀念作祟、證交稅和手續費的考量、對失之交臂的價位耿耿於懷而執著不賣；以及一廂情願地以為股價跌幅已深，逆境很快就會過去，想等股價漲回某個價位再賣；或是沒有下決策的膽識，想等他人來強化自己的信念，為自己的決策背書；或是在找一個能說服自己的事件，來解釋技術訊號的買賣點。

第二、干擾進出的市場面因素：我們常因MSCI正要調整台股權重、法人的看法和技術訊號相互矛盾等因素，因而舉棋不定。股市開始大跌時，大家喜歡看樂觀的報導，媒體應運成了投資人療傷止痛的心靈導師。當媒體報導「基本面無虞，大家不必自己嚇自己」，可能有重大利空正在醞釀。也有的報導以偏概全地選擇某項偏多的指標，來麻醉投資人。當我們從這些集體的催眠中清醒後，往往跌勢已一發不可收拾。

其實，市場上並沒有太多的能人異士，**今天的股市救世主，明天也可能錯得離譜**。在恐懼汛速蔓延、投資人相互踐踏的空頭市場，與其冀望某人有點石成金的魔力，毋寧相信自己長年秣馬厲兵的技術分析。

第三、干擾進出的基本面因素：諸如股票出現賣點時，你心想等到下午的法說會出現利多再賣也不遲，如果利多正如預期，你還可能因公司高層為股價叫屈而遲疑不賣；你也可能把自己不賣股票的原因

什麼是殖利率？

在股票市場中，殖利率是將股利除以股價計算而得。通常會與銀行利息相比，若股票殖利率高於銀行利息，則該檔個股的持有報酬率優於銀行。

合理化，比如說，「該股票本益比不到十倍，不值得為有限的下跌傷神，股價終究會漲回來」，或是「我又不缺錢，我買的是股息殖利率遠大於銀行定存的績優股」。

誰都不能否認本益比和股息殖利率很重要；但如果一切由這兩項指標決定，那麼做股票未免太簡單了。何況，眾所皆知的低本益比、高殖利率已是既成事實，對產業前景的預期，以及市場心理轉折後盲目地追漲或殺跌，都會造成本益比的修正。

第四、干擾進出的技術面因素：不賣股票的原因，往往是過度相信下檔支撐。根據我的觀察，股市翻空時，股價一再測試某支撐，則該支撐跌破的機率很高。跌破該支撐後，一般人又心存僥倖地寄望於另一個支撐。例如較敏感的技術訊號出現賣點時，你自我壯膽「沒有跌破季線，多頭走勢不變」，等季線有效跌破後，你又安慰自己「年線目前還往上走，長多趨勢依舊」。

事實上，中線多空反轉與否，季線是重要的分水嶺，尤其當大盤弱勢跌破季線，而且季線正要走平下彎，盤勢更是岌岌可危。

除非指數已瀕臨長天期的均線，長天期均線才具有短線的支撐，否則期間越長的長天期均線，越不能反映近期趨勢的變動。如果你不幸一路套牢，等到大盤跌破年線，且年線開始反轉而下，你才依教科書上的理論，判讀這是長空確立，忍痛殺出持股，不但為時已晚，你還可能為隨後的跌深反彈而捶胸頓足。

因此，當股市疑似翻空，我們應先行穩健地酌量減碼，等重要支撐確定跌破後再進一步減碼，因為一旦跌破重要支撐，我們常因賣壓湧現而錯失先機。

由於一再地背叛操作原則而慘遭市場修理，我逐漸養成遵守操作紀律的習慣，我的交易方法也穩定地讓我獲利。但即使是經過千錘百鍊的操作原則，仍然會讓我蒙受重大失利，這時我會告訴自己：「這套方法偶爾的馬失前蹄可以被允許，我犯了錯的作法是當時情況下唯一的明智之舉，就算再來一次，我還是會這樣做。」我知道我應該遵守操作原則，把握我所能把握的，不必因市場不能掌握的因素所造成的失敗而懊惱。

第十二課
操練千遍也不厭倦

大贏家原本只是個精益求精的小贏家
大輸家原本只是個一錯再錯的小輸家

棒球員為了減少守備失誤，首先，他們接球時的姿勢要正確，所以要先學習基本動作，然後重複苦練同一個基本動作好幾年，即使這個動作在一場比賽中可能只用上幾秒鐘，甚至常派不上用場。接下來，他們必須適應不同的場地，區分球在人工草皮、天然草皮和泥土地上彈跳度的不同，以及在晴天和雨天的差別。最後，他們還必須增加比賽經驗來習慣球場氣氛，增強抗壓性，藉著漸入佳境的戰績來增強信心。就像大聯盟金手套獎的得主，不僅守備率高，而且在越關鍵時刻越能做到滴水不漏。

做股票必練基本功

做股票也一樣，為了降低不熟悉或不確定因素所導致的疑慮驚懼，在加強了心理建設後，為了提高成功率，尤其在關鍵時刻提高成功率，需要長時間的操練，這大概可分為以下三個過程。

一、培養積極操作的態度。

既然做決策時或多或少要回歸到自由心證，為了克服如影隨形的不當情緒、習慣和心理陷阱，除了學習基本分析和技術分析，頻繁地依股票過去的走勢來印證理論，我們還必須在實戰中不斷的練習，經由熟能生巧來提升心理素質和判斷力。

那我們如何培養積極操作的態度呢？保羅．邁爾說：「**態度只不過是思想的習性，而習性可以培養。重複行動，於是態度成形。**」學習策略學家薇蕾娜．史坦娜也提到：「一旦給思想設計了任務，並讓**它得到調劑和挑戰，我們的思想就會變得積極主動起來。**」

但問題是如何面對踏出第一步時的困窘呢？萬世巨星奧黛麗．赫本的兒子十二歲時，第一次參加學校的戲劇演出，演出當天離家前，她對兒子叮嚀：「**臨上台前，你會覺得自己好像什麼都忘光了，那很正常，人人都會有這種感覺。只要繼續演下去就好了，一切都會很順**

利，不要擔心。」做股票也一樣，即使是大師，剛入門時也難免生澀，但只要硬著頭皮，不要慌了陣腳，邊做邊揣摩就會漸入佳境。

對於股市新手，如果一開始就喜歡操作，習以為常後，自然會積極地操作；但對於不喜歡換股操作、長期績效

對投資人的叮嚀

對於股市新手，如果一開始就喜歡操作，習以為常後，自然會積極地操作；但對於不喜歡換股操作、長期績效又不彰的投資人，要改弦易轍較為困難，因為積習難改。我覺得後者不妨嘗試把自己歸零，假裝自己是股市新鮮人，而且喜歡操作，撥出一部分資金來練習，規定自己一周至少要進出幾次。剛開始不要把焦點放在盈虧，而要從操作中找出自己的不足並補強，這就是「給思想設計了任務」。

又不彰的投資人，要改弦易轍較為困難，因為積習難改。我覺得後者不妨嘗試把自己歸零，假裝自己是股市新鮮人，而且喜歡操作，撥出一部分資金來練習，規定自己一周至少要進出幾次。剛開始不要把焦點放在盈虧，而要從操作中找出自己的不足並補強，這就是「給思想設計了任務」。

「掌握買賣時機」是投機客永遠的挑戰。如果我們能從漲跌的體驗中發掘出學習的樂趣，將因此變得更有衝勁、更加投入，甚至於前所未有地體驗到，原來適時調整持股比長期持有讓人更放心、更有成就感，這就是「讓思想得到挑戰和調劑」。我們一旦養成操作的習慣，太久沒進出反而會覺得怪怪的。

順便一提，對於追求卓越的人來說，「把事情做對、做好」本身就是最大的獎勵，盡其在我是一種天職。但一般人做不到這境界，賺了錢狂歡作樂來犒賞自己，固然是人之常情，但若賠了錢，也以「借酒澆愁」為名而花天酒地，卻是用不當的獎賞強化了錯誤的行為。

二、把複雜的事情單純化。

有的人看過成百上千部電影，卻說不出幾個令他印象深刻的畫面，要不是他看電影時漫不經心，沒有融入電影情節，就是他看電影時或看完後，大腦沒有對看過的內容加工處理，例如，把這部電影和之前看過的相連結，或拿日常生活中的經驗和電影情節相連結。

同樣地，投資人在股市的資歷不等於功力，功夫是否到家的關鍵在於如何提升經驗的價值，也就是要先讓經驗留下深刻的印象，再將有用的資訊吸收、內化而融入個人的知識結構中。

親征股海累積經驗的「質」與「量」

我認為記憶力的好壞程度掌握在自己手中，做股票時，我們可以透過下面三種親自參與的方式，來融入股市情境並連結過去的股市經驗，以提升經驗的質量。

㈠從實戰訓練步伐和思考：

不能只是光說不練，而要走進股市高低起伏的過程，才能從每一場硬仗中，尤其是從敗戰中，得到刻骨銘心的經驗。喬治・索羅斯說過：「我們對華爾街人士的共同看法是，他們的決策都只是上司的意見，而他們自己還沒有養成思考的習慣。」科斯托蘭尼也提到：「職業投資者的工作，百分之九十五是在浪費時間，他們閱讀圖表和營業報告，卻忘記思考。」

職業投資者尚且如此，何況是一般投資人。因此，我們不但要隨看隨聽地即時思考，時時刻刻也都可以思考，即使在沮喪時也要保持求知欲和驚奇感，用觀察的態度，中肯、細緻地反省自己的操作得失，才能領悟出正確結論。

㈡親自做紀錄：

除了借助電腦系統裡的資料庫，我常動手演算、記錄一些基本面和技術面的數據並親自畫線。當操作時有了疑問，我會隨手把它記錄下來，反覆思索並尋求解決之道，一旦有了心得，我也會記錄下來，隨時翻閱來和自己對話。我也常常想像自己正在向他人發表我的心得，來加深印象。

隨著持股種類的遽增或隨著時間一久，我常會忘記當初為何會買進某檔股票，甚至懷疑自己當初怎麼會做出那樣的決定。後來，我學會把買進的理由記錄下來，隨時檢視當初買進的理由是否已經消失，作為出場的依據。尤其當某支持股的走勢對我不利時，這些買進的理由可以幫助我下定決心。

㈢反覆複習：

薇蕾娜．史坦娜提到，「**如果在二十四小時內有意識地再回憶一下學習內容，然後在不斷延長的時間間隔內進行複習，能夠最有效地防止遺忘。**」我每天征戰無數次，也勤於做功課，反覆運用同一套方法，受到的刺激一再重複，對行情的應對自然越來越敏銳。

我做股票時以簡御繁，但這不是以「後見之明」的結果論來簡化複雜的股票世界，而讓自己過度自信，也不是「隨便買、不要賣」的無為而治；相反地，我是個不折不扣的「有為主義」者，我相信凡事只要努力付出，結局一定更值得期待，即使搜索枯腸後無計可施，但頭腦越用越靈活，人生因此活得更深刻。

我從積極操作中思考、做紀錄，慢慢體會到要加深經驗的印象，就必須先懂得把資訊去蕪存菁。資訊處理包括三個過程，每一個過程都需要連結過去的經驗，其中切入關鍵訊息是要排除不重要的、過時的資訊，釐清訊息是要剔除可信度不高的資訊，而歸納與演繹則是要整合濃縮後的資訊。但這三個過程並不是各自為政，例如，在某些時候，某一類資訊是否重要，是經過長期觀察後歸納出來的結論。

切入關鍵訊息

為了提高效率，我視市場上流行什麼題材，切入我認為重要的訊息，然後釐清該訊息的正確性。我選擇的基本面和技術面資訊不會涵蓋很多層面，而能直接切入影響股價漲跌的關鍵要素。我隨時關注市場在注意什麼題材，例如財報公布時，眾所矚目的焦點，當然是剛出爐的財報數據。但重點不是我對新聞的看法，而是市場到底怎麼想？我訓練自己看事情時能**置身事外**，而以市場的角度來揣摩市場的反應，即使不能正確預知市場的反應，也要視市場的反應來修正策略。

我選用的技術指標在精不在多，以免造成混淆，選用的重點在於指標的組合必須兼顧不同的面向，才能預測出趨勢和強弱勢。我同時審視這些常用指標的多空意涵，進行系統性的思考，給予價值判斷，有時會憑藉關鍵的少數指標來做決策，而不是少數服從多數。

台積電董事長張忠謀提到：「**我養成一個習慣，除了自然定律，我看一篇文章、聽別人一段話，自然而然會想：他講的是不是有立場？他講的事實是不是有足夠的證據？他舉證的事實，難道就是全部的事實嗎？**」同樣地，每看到或聽到一則報導或消息，我也會質疑：提供消息的人有什麼動機？我對別人給的東西不放心。雖然同一則消息在多頭或空頭時的市場效應大不相同，不正確的消息有時也會歪打正著，因為市場有時關心題材更甚於關心事實，但先搞清楚資訊有幾分正確性，心裡總是較踏實。

此外，我們要在股市追求自由，就不能被市場上的成規和自己的定見所束縛，而失去了探索和選擇的自由。即使是市場裡司空見慣的操作原則，我一定要經過實戰的反覆驗證，才把它納入自己的準則。

歸納與演繹

應用不正確的資訊固然危險，但應用正確的資訊卻錯估形勢更危險。我從歸納市場重要訊息間的關聯或牴觸開始，長期觀察各種市況，把它們和結果相連，歸納出一些原則性的結論。根據這些普遍性的原則，讓我做決策時能將盤根錯節的各種市況，拆解成幾個基本要素，進行系統化的解釋，並因應個別差異推演其可能的發展。

我積極地針對大盤、核心持股並鎖定潛在標的做推演，想像可能的情況發生時，尤其當不希望發生的情況真的發生時，自己如何因應，以免到時候手足無措。就像一位專業的駕駛朋友告訴我，他剛開車時，先根據別人的經驗傳承，做一些路況模擬，比如說，高速行駛時爆胎了，或巷口突然衝出摩托車時怎麼辦？真的碰上了，心情就比較不會慌亂。但每次的情況都不同，最重要的是，要依自身的經驗來做修正。

我重視的是成功的機率或期望值，就像埃德溫．勒弗爾所指出，成功的股市投資人在做預測時，不會把重點放在不合理或出人意表的狀況，他所重視的是事情發生的機率——也就是預測它們。但我也期許自己具有勒弗爾的能耐，即使碰到意外狀況，也能像處理預料中事情般的拿手，就像棒球守備員的最高境界，就是面對不規則的彈跳球時，也能出自反射動作的攔住。

加入國際視野

我訓練自己做到聯強總裁杜書伍所說的：「除了要思考一件事的有形層面，還要思考它的無形效益；思考短期，還要想長期會如何。」我也訓練自己從國際角度，站在相對制高點看問題，比如說，從國際熱錢的流向看問題，而不只是把技術面和基本面的訊息拼拼湊湊。我也從各式各樣的角度客觀地看問題，把自己放在相反的立場來思考，例如：想買進股票時，我會思索賣方所持的理由。

三、把簡單的事情重複做。

從積極操作中了解了以簡御繁之道，並非就此可以一勞永逸，我們還要把簡單的事情不斷操練，做到「信手拈來，隨機受用」的境界，這樣即使是平凡的招式也威力無窮。

我一到投資公司上班，在以往沒有任何優秀紀錄的情況下，董事長卻把公司全部資金交給我操作，也給了我寬廣的操作空間。董事長未曾要求我必須達到什麼樣的績效，還允許我同時操作自己的部位，讓我個人的野心和對公司的企圖心得以結合。有時我對行情沒有把握，不敢動用公司的資金，我用自己的錢來訓練身手。等操作上了軌道，一碰到多頭行情，不管是公司或個人的部位，我充分地運用融資，積極換股操作，火力全開的拚績效。

著作等身的李敖，曾自嘲他沒有什麼外務，所以只好看書、寫書；威廉．歐尼爾也說：「**每晚只知道看電視或喝酒聊天的人，不可能對複雜的經濟或股市有深入的了解。**」二十年來，我很少晚上在外面逗留，即使有聚會，我一定守紀律地把該做完的功課做完。我認為有些事如果只付出一半心力，等於沒有付出。假如我只花一半的時間，賺的錢不但不到一半，說不定還會賠錢，因為準確率降低了。

信心與實力何處來？

答案：看二百萬次線形　進出超過二十萬次

學習做股票就像學習任何一項運動或技藝，如果每周只練習一次，就是「一暴十寒」，永遠會在原地踏步。我要求自己每天一定要從做決策中學習，即使只是小量的進出，也要和大盤保持溝通。我參與完成大盤每一根的日K線，然後周而復始地期待「明天同一時間請看下回分曉」。

每當操作上出現低潮，我一樣努力的做功課，藉由審視技術線形、個股籌碼歸宿和閱讀產業訊息等來轉移注意力。我不太擔心自己無能為力的事情，比較關心自己可以掌握的事情。我的人生哲學是「有備無患」，即使遇到突發性重大利空，也不會想太多，我先盡人事然後聽天命。

多頭行情時，我不會因為證交稅和手續費的考量，而讓資金虛耗在牛皮股上，我以「機會成本、汰弱換強」為操作主軸，積極地調兵遣將，開闢能快速賺錢的戰場。經由正確的態度和方法，機會成本的「機會」，也意味了更多賺錢的機會和更多有效學習的機會。

我每天系統化的準備和省思，每天看幾百次個股的線形，一天當三天用，很快的步上良性循環的軌道。我充滿信心的擴張信用，讓每個錢的本尊和分身都為我打仗。

我看了超過二百萬次的線形圖，進出股票的次數超過二十萬次，從這種大量的重複當中，培養出近乎運動員的反射動作，對於一般的情況我應付自如，因而能夠集中心思，專注於異常的狀況和關鍵數據的解析。

夢境是潛意識的甦醒

在台股尚未實施周休二日時，我周日還要準備功課，等於每周工作七天。有時年假放太久，我不禁手癢，覺得度日如年，當然更不會在交易日時跑去度假。做股票已成為我生活的一部分，即使在休閒時，我滿腦子都是「市場是多是空」、「個股誰上誰下」的問題，甚至連睡覺也會夢到股票。

第一次夢到的股票是台化，當天臨睡前我盤算如何在隔天買進台化，夢境中清晰地映現了台化的開盤價，夢境結束前，台化急拉收盤。隔天開盤，台化不可思議地遵循夢境中的走勢。直到現在，我一直斷斷續續地夢到股票，而且夢境幾乎屢試不爽，有一次夢到六福漲停，我一早起來還興匆匆的打電話請朋友見證。

剛開始夢到股票時，我覺得夢到正確的價位不是荒唐事，但若按照夢境操作才是荒唐。後來看了些股市書籍，發現也有人有類似的經驗，只是他們夢中的格局較大，夢到的是尚未公布的經濟數據或市場走勢，而我夢到的大部分都是個股的表現，或許這符合我一貫「選股不選市」的原則。綜合大家的看法，夢到正確的走勢或數字，表示你對市場的波動特別敏銳，參考夢境操作並不荒謬。

隨著夢到股票的次數增加，而且夢境中的我幾乎都比清醒後的我更具先見之明，我比較願意傾聽這種發自內心的呼喚，但夢境出現的頻率，尚不足以讓遵循夢境操作成為我的習慣。因此，除非平常遵循的基本面和技術面方法搞不清方向，我才會倚重夢境。只是有時夢境成真我才猛然想起，錯失了良機。雖然作夢並沒有為我帶來太多利潤，卻增加了茶餘飯後聊天的題材，當我盡人事的按表操課，冥冥之中那種有如神助的感覺，也是相當甜美！

建立財富正循環

我們不一定能創業，但一定能專業；我們不一定能成為大師，但一定能成為技師。要在股市致富，不是遙不可及的神話，但不能靠造化，也不能過度簡化，而要有專業的方法來落實計畫；股票投機要能駕輕就熟，靠的不是投機取巧，而是**熟能生巧**，要熟能生巧就必須積極操作。

首先，我們要有正確的心態來引發學習並持續學習，藉由不斷的實戰和思考，摸索出適合自己的科學方法；隨著時間的累積，當經驗的資料庫量越來越多、質越來越精，我們操作時更能旁徵博引，對行情做出系統化的解釋，方法也越修正越能以簡御繁，碰到大部分的市況，都可以從容以對。

隨著操作績效慢慢改善，我們的自信心跟著提升，又可以更有樂趣、更專業地擷取知識，也由於資金越來越充裕，發揮了加乘效果，我們邁入了良性循環的軌道。然而，股市這條路是無盡的漫長。正如

《基業長青》一書中所說：「看自己可以做到多好，是一種永遠沒有結束的過程。」

第二篇

態度決定財富高度

累積金錢可以換來自由，但或許我們不知道，「自由」可以累積金錢。「自由」指的是在金錢遊戲時自由翱翔，不活在別人的庇蔭（陰影）中。

第十三課 當自己的顧問

輸家喜歡別人給結論
贏家扮演自己的顧問

音樂人羅大佑認為專業的態度和精神，就是必須在既定時間內把音樂做好，而且必須呈現出與別人截然不同的風格。做股票看起來像是做交易，其實更重視創意，比如說，要能看到或想到別人所沒看到、想到的，就像做音樂，講求時效也重視想法，不但要勞力還要勞心。我認為在股市，「單飛」是培養創意的起點，學習當自己的顧問，才能隨機應變。

散戶可以打敗法人

在股市戰場上，散戶面對的是研究團隊堅強、資金雄厚的國內外法人，更可怕的是，國內外法人和公司派大股東往往關係密切。但就交易的三個層面，即廣度、深度和速度來看，散戶未必全然落居頹勢。

就選股的廣度和深度，法人和大股東占盡優勢。但就操作的速度而言，法人和大股東交易量大，且進出受限於法令，不像散戶可以靈活操作。因此，散戶的核心競爭力就是速度。按照彼得．林區的說法，散戶和法人雖然在同一個市場比賽，卻像在不同的球場打球。

此外，根據我的觀察，越認為自己占有資訊不對稱優勢的人，越不會善用技術分析（但這不等於資訊面吃虧的人就比較懂得利用技術分析），他們對某些特定公司的內幕或許了解，但對整個市場的多空卻不是很清楚。因此，散戶除了可以借助媒體或朋友提供的資訊，並參閱法人的進出，來增加選股的廣度和深度外，最重要的是要找到適合自己的交易方法，獨立做決策，才能發揮速度上的優勢。

所以，「散戶能不能打敗法人」的問題核心，不在於散戶能不能打敗法人，而在於散戶是否比法人更專業。專業的散戶可以打敗不專業的法人，但如果要打敗專業的法人，那麼散戶要比法人更高度專業。就像經過斯巴達式訓練的古巴國家成棒隊，雖名為業餘，卻專業得足以打敗任何一支大聯盟球隊。

借助媒體和朋友的利弊

媒體：媒體意見領袖具敏銳的觀察力和豐富的想像力，擅長編織夢想鼓動群眾。媒體推薦的個股，乃根據推薦者的操作邏輯，叫進股票的理由可能是已知或潛在的營運利多，也可能根據某項技術信號的翻多。因此，追隨者必須知道推薦者看好的理由，才能篤定的即時買進，而且在看好的理由已經反映或不再時賣出。

但實際上，追隨者不可能完全融入推薦者的操作邏輯，因此，如果推薦者有一定功力，追隨者在特定的時間內，完全遵照指示進出的績效，肯定會比把部分指示做修正的績效來得高。但這也存在五個問題。第一、追隨者收到訊息時，有時間上的落差，這當中股價的變動會讓他舉棋不定。第二、訊息傳播當中有失真的問題。第三、媒體推薦的個股常有好多支，很難照單全收。第四、媒體常常只有喊進股票，而不叫出股票。第五、如果完全按照媒體指示進出，我們將無法從實戰中測試自己的方法，操作技術永遠無法升級。

我參閱媒體，主要是為了解產業面的訊息，並參考媒體推薦的股票。我鎖定兩三位令我折服的權威分析師，參考他們看好（壞）的個股，以自己的技術分析做進出依據。我也揣摩他們選股的思惟，據以形成自己選股的洞見，慢慢能夠獨立推敲出市場的明日之星。當我買進的個股隨後也被這些媒體名家推薦時，那種「英雄所見略同」的歸屬感，比實質獲利還讓我興奮。

朋友：如果我們的朋友中有消息靈通人士、善於看線的線仙或是操盤高手，那當然令人稱羨；如果我們的朋友中沒有箇中高手，至少也要擁有共通的股市語言，能夠集思廣益。但最起碼的要求是，朋友們一定要有獨立作戰的能力，否則我們不但要應付市場，還要應付朋友。

因為，如果我們的朋友是不切實際的人，問的都是些好高騖遠的問題，而沒有隨時修正的能耐，例如：「今年指數會漲到幾點？」「什麼股票可以長期投資？」那即使他們依照我們的指示買對了股票，也會眼睜睜看著股價怎麼漲上去，然後怎麼跌下來；如果我們的朋友都是些謹小慎微的人，問的多是細微末節的問題，諸如：「什麼價位該買（賣）？」「股價跌了，有沒有關係？」那麼萬一我們推薦的股票害他套牢，又怎能期待他不會隨時打電話來關切呢？

如果我們的朋友中有莫內這樣的層級，我們當然比較可能成為另一個雷諾瓦；如果我們認識周潤發，我們比較可能成為另一個劉德華。但所謂「物以類聚」，如果我們的層級和資源不夠，又怎麼可能結交這樣高水平的朋友呢？

值得一提的是，向別人推薦股票時，推薦者也承受了壓力。因此，除非我們給予對方回饋，否則很難期待朋友長期、單向的提供資訊。尤其當我們羽翼漸豐時，朋友間由於競買或競賣的顧慮，更不易在第一時間透露獨家消息。

答案不只一個，獨立思考是最上策

此外，做股票是一種「說難行易」的事，「教人家怎麼做」比「自己做」來得困難。別人對行情比較篤定時，才會在媒體上發表看法或呼朋引伴，這時已經慢了半拍，當我們看到或聽到這些意見時又慢了半拍。而且，剛開始追隨別人時，我們心存觀望或只買一點點，等到發現消息真的很準而全力跟進時，消息卻失靈了。

在股市，答案往往不止一個，今天看來是對的決策，過些時間可能是錯的，何況股票的漲跌有時候無法以常理解釋，因此沒有人可以提供標準答案。做股票成功的基礎在於**隨機應變**，培養自己獨立思考的能耐才是最上策。

然而，一般投資人大都是消息導向者，他們捨本逐末，無暇深入思考，用的是速成的取巧方法。他們篤信「千線萬線，不如內線；千錯萬錯，別人的錯」，過度依賴媒體或朋友來打聽明牌、問行情，也透過專家或朋友為自己的決策背書。就像求神問卜，哪裡靈驗就趨之若鶩。

一般人一旦跟隨他人而失利，就順理成章的責怪別人。但誠如西諺所說，「**不能認錯者，將繼續犯錯**」，如果凡事歸咎他人，你就可能一錯再錯，因為你認為一切成功的要素都操之於人，而不是操之在我，但臨場做決策的人是自己。此外，在怨天尤人的同時，雖然緩和了心情，卻常因此錯過了應變的時機。

我認為一般人輕信專家，永遠在追求標準答案的原因，有以下四點：

㈠潛意識做祟：

心理學家佛洛伊德認為，我們加入群眾，是由於對群眾領袖的忠誠感，這種感受源自孩童時期對父親觀感的移情作用，綜合了信賴、威權、害怕、尋求肯定與潛在叛逆。也就是說，一旦加入了群眾，追隨強而有力的領導時，我們思考的能力將退化到孩童時期的水準。

尤其是一個在父母或老師恐嚇、操縱中成長的小孩子，可能注定他一生不敢犯錯、唯唯諾諾的性格。他們在學時求助於父母、老師指點迷津，就職後將轉而求助上司、專家或神明。可是，對做股票這一行來說，有的專家專門騙人家，大師也會令人大失所望，獨立精神才是成功的基礎。

㈡缺乏批判性：

凱因斯曾說：「**世俗的智慧告訴我們，遵循傳統導致失敗好過於違反常規獲致成功。**」說明了人類面對不確定的事情時，尋求歸屬感並墨守成規，這樣較不會焦慮和後悔。因為大家常走的路通常比較安全，即使是一條險路，也可以互相壯膽，比較不會焦慮；大家行事的模式即使積非成是，要錯大家一起錯，這樣不但可以為失敗找到藉口，而且到處都有同病相憐的人，比較不會後悔。

從小，我們的父母為了保護我們，教導我們要走平穩的路，我們追逐熱門科系，然後找一份穩定的工作。從升學到就業，我們所做的選擇，如果不是奉父母之命，就是為了趕流行。「平穩」意味不會大壞，但也不會大好。久而久之，我們對事情變得沒有主見，缺乏批判性、開創性，常把「聽人家說」、「該你的就是你的」這些話掛在嘴邊，行事依據是「別人怎麼做，我也跟著做」。

在股市戰場上，我們沿用當年選科系的態度來選擇股票，不是聽從專家建議，就是一窩蜂的趕流行。我們常以為多數人認同的股價會牽動實際的股價，準備搭順風車，但等市場形成共識，好賺的錢已被先知先覺者賺走了。

雖然我們的看法和群眾雷同不是不可以，因為在股市，大部分時間需要**順勢**操作，但關鍵在於是不是一窩蜂。也就是說，我們和群眾看法一致，這是經過評估過的結果，如果評估的結果違反群眾的看法，我們也要有勇氣執行，這樣才能適時地反市場操作，尤其當群眾的狂熱或悲觀到達物極必反的程度時，正是絕佳的獲利良機。

民國九十五年底，有一位很熟的理財專員問我：「指數會重返一二六八二點嗎？」我回答：「妳與其關注指數會不會創歷史新高，不如關注哪些個股將率先創歷史新高；妳與其等待手上的持股創新高，不如轉進那些正要創新高的股票。」她不太服氣地說：「上課時，別的理專也這樣問老師啊！」我說：「有的理專功力平平，也有的理專功力深不可測，差別就在於有沒有主見。」

㈢已經習慣別人給答案：

看過侯孝賢電影的人總是反應兩極。不喜歡的人認為節奏太慢，喜歡的人認為這正好提供了隨看隨想的時機；不喜歡的人認為他的電影沒有交代結局，喜歡的人認為這恰好留給觀眾各自解讀和想像的空間。愛看什麼電影本來無關緊要，但在這個速食化的社會，如果我們在不知不覺中被同化，凡事只想等別人給答案，就等於堵住了思考和想像的源頭。在一次演講中，我苦口婆心地說明技術分析有多管用，一位老兄卻還是劈頭就問：「那依據技術分析，現在要買哪些股票？」

對於陌生人向他討教：「我怎麼做才能在股市賺到錢？」傑西・李佛摩不認為這是在恭維他，他認為這種討教就好像門外漢問律師或外科醫師：「我用什麼方法才能靠法律和外科手術發些橫財。」矛盾的是，一些股市圈外人士，經過好幾年的學校和職場訓練，才能在所屬領域中占有一席之地，卻常誤以為只要有人脈提供明牌或跟對專家，就能在股市賺錢，這就像藝人跨行開店，卻常常成為夢魘。

㈣對自己缺乏信心：

一個全神貫注、胸有成竹的駕駛，最討厭別人在旁邊發號施令。我們之所以聽從別人的指令，不只是因為害怕後悔或想要減輕焦慮，問題的癥結在於我們的能耐不夠、缺乏自信心，才會相信別人比自己知道得更多，才會想要等到資訊完整再出手，並尋求他人的背書，才會在意訊息來源所代表的權威，甚至超過訊息本身。

台積電董事長張忠謀提到，「**我即便是跟葛林斯班、波特、季辛吉等所謂的大師談話，也仍然要保持獨立思考。他們說的，我認為大概是一半對。**」張董事長已養成獨立思考的習慣，而且充滿自信，才能像諾貝爾物理學獎得主格特．賓尼西所說：「**對權威人士敬而遠之，使我獲得了巨大的思想自由，我可以標新立異。**」

我所提到的這四個原因，其實是息息相關的。比如說，對自己越有信心的人，潛意識情結越輕，越不會沉溺在過去的觀念，越願意冒險。

單飛是夢想的起點

我們都知道，累積金錢可以換來自由，但或許我們不知道，「自由」可以累積金錢。「自由」指的是在金錢遊戲時自由翱翔，不活在別人的庇蔭（陰影）中。惟有放棄想要擁有周全答案的人，才能不被別人的觀點所束縛，才能從不斷的決策中提升自己的判斷力。

> 累積金錢可以換來自由，但或許我們不知道，「自由」可以累積金錢。「自由」指的是在金錢遊戲時自由翱翔，不活在別人的庇蔭（陰影）中。

要自由翱翔，首先要跨越出自己的「舒適區」。我們的舒適區就是我們目前所在的位置，也是我們既有的觀念和習性。只要不是在我們舒適區裡的事物，都會讓我們倍感壓力。惟有突破自己的舒適區，才能逐步訓練自己挺得住更大的壓力，移動到另一個更高的層次。我們將發現，承受比自己所能承受還要大些的壓力，反而讓人精神振奮；挺得住壓力的人，才能成為超級巨星。

就像當年我被投資公司錄用時，我的家人普遍認為「到那種三人公司上班，工作很沒保障」，但他們不知道，在那裡，我一個人包辦所有研究和交易的工作，可以犯錯，可以運用公司的全部資源，讓自己變成自己想要變成的模樣。

剛進入投資公司，我就全權負責公司的資金運作，從以往操作兩百萬元的規模，跳級到操作七千萬元。剛開始單打獨鬥，我覺得壓力好大，但很快就適應了。一年後，公司聘請了一位總經理，但我們各玩各的額度，我進出什麼股票不必和他討論，也不必經他核准。總經理做了兩年後另謀高就，我從此一肩挑起公司的成敗。多年後，我發現對一個剛出道的年輕人來說，有人願意讓他扛起這麼大的責任，是多麼幸運啊！

做自己可以掌握的事

我在股市追求自由夢，但我的自由不是天馬行空、漫無章法的自由，而是有紀律的自由。我有一套嚴謹的操作邏輯，當我發揮想像力的同時，也兼顧了理性的思考。

我覺得用科學的方法做股票就像閱讀，掌控權在自己手上，可以從各個不同的層面來思考；聽消息做股票就像看電視，自己不能掌握節奏，不能控制風險，常會不由自主地等別人來餵消息。科學的方法有一定的把握性，而聽消息的「隨機式投機」，偶爾也會讓我們賺到錢，卻很難常勝，因為消息如同流水，載舟覆舟全憑賭運。

所謂：「**入門須正，……路頭一差，越鶩越遠**。」心理學家史基納指出，「**經由隨機來強化學習的行為，永遠不會忘記或消失**。」因此，如果剛進入股市就有正確的態度和方法，走對了門路，他可能從此一帆風順；反之，如果一開始誤入歧途，靠聽消息嘗到甜頭，誤以為股票錢很好賺，一旦明牌失靈、陣腳大亂時，已經很難戒除聽消息的癮，只好在道聽途說之間載浮載沉，往前靠不了岸，想回頭也太難。

傑西・李佛摩建議投資人隨身攜帶一本小冊子，第一頁寫著：

「**提防內線消息——所有的內線消息。**」剛開始我感到疑惑：內線消息又不是毒蛇猛獸，為什麼要避之惟恐不及？我終於明白了，或許他認為所謂的內線消息是投資人成為優秀操盤手的最大阻礙，因為這些隨機的消息，往往會干擾我們的操作模式，甚至喧賓奪主地取代了我們原先使用的科學方法，導致我們和市場之間的聯繫方式變得不正常。

盡信書不如無書

學習做股票最好的方式，就是得到股市贏家以「一對一的師徒制」引導。但即使是「師徒制」，我們都未必碰得到懂得因材施教的老師，學到的是老師會的東西，而不是適合我們的東西，何況是透過上課、聽講或看書等其他方式。

尤其在這個連看什麼書都要趕流行的社會，我們必須清楚某些理財書究竟是寫給哪些人看的，不能一看到什麼理論就隨便相信或套用，以免格格不入。當我們看一本書時，如果我們對其內容感到豁然開朗，表示書上介紹的領域是我們不拿手的，我們切勿在該領域輕舉妄動；如果我們對書上的內容能夠心領神會，表示我們對這個領域有一定了解；如果我們可以對這本書的內容加以批判，並融進自己的創見，那表示我們是箇中高手了。

巴菲特曾把他四十年的投資佳績，歸功於十二項的投資決策，他自嘲：「**我那懶洋洋的投資風格，基本上和懶惰只有一線之隔。**」正如科斯托蘭尼所說，「**真正的投資家是思考的人，但很多人卻認為投資家是無所事事的人。**」看了投資大師傳記後，如果自不量力，幻想自己是大師再世，自絕於學習的機會，就像有的人才打坐了兩天，就以為可以頓悟成佛，都終究是一場空。

股市成功人士中，有的信仰技術分析，有的卻對技術分析嗤之以鼻；有的動如脫兔，視市場波動調整持股，以投機客自許，有的效法烏龜，依長線趨勢買進並持有，以投資家自居。像彼得．林區每天早、午、晚三餐都排定和上市公司高階主管吃飯，我們怎麼可以全盤套用他的方法呢！

我們真正要學習的是這些大師共同的精神和行動力，如果要參考他們的實務經驗，只能把適合自己的部分拿來用，而不是被他們的方法所捆綁，一旦融入了自己的元素，這樣的操作模式才有生命力，因為做決策的人是自己。就像中國當代大學問家錢鍾書所主張的，採眾家之「花」，釀自己之「蜜」，一旦融入自己的體系後，此蜜已不再是當初的花，而自成一味了。

參考→捨棄→形成洞見→展翅高飛

我認為性格、資質、人脈和財力，不是決定勝負的關鍵，能否根據自己的條件，選擇適合自己的方法，才是重點。一旦我們走自己的路而成功，更是充滿成就感。

我剛學習技術分析時也缺乏自信，常廣泛地參考市場上的大盤解析，卻發現每一項建議個別來看都很有道理，湊在一起卻互相矛盾而難以適從。從此我很少注意媒體上的大盤多空解析，以免掉入別人設下的框框中。我覺得我們必須效法職業球隊的教練，能夠獨當一面。

如果我們老是向別人問起：「行情怎麼看？」或必須靠媒體的大盤解析，對股市才有方向感，就像職業球隊的教練如果到處向別人請益：「這場球賽怎麼打？」或必須仰賴球評來打仗，一下子就被人看破虛實。

我慢慢知道，股票操作從想法到決策需要一以貫之，才能當機立斷，明明白白地知道買賣股票的理由，操作時才敢下大注，節奏才會明快。

我依據個股盤面走勢和當時的營運訊息來選股，也參考媒體名家、朋友和法人的進出，拓寬選股的視野，但我總是獨立的以技術面做進出的最後依據，我用心傾聽技術訊號的聲音，不讓市場雜訊喧賓奪主。就像打撲克牌，各家對手爾虞我詐，他們不會讓你看到他們的底牌，還會說些反話來誤導你，但只要你專注於牌局的發展，就能洞悉他們的意圖。

我的成敗關鍵是我拿手的技術分析，而非隨機的龐雜訊息，我得以在實戰中，一致性的測試我的技術訊號，也可以系統化的同時追蹤許多個股。賺了錢，我受到鼓舞，強化了學習和膽識，我會故技重施；賠了錢，讓我犯錯的技術指標就會失去強化效果，我會找出癥結所在，在下一次操作時做修正。

有一篇一八八〇年代發表的論文，歷經了一百多年的檢驗，其中有這麼一段，「『投機者』必須自己思考，必須遵照他推斷出來的因果關係行事，依賴自己是成功的基礎。不要學到心態懶惰的習慣，讓報紙、營業員或聰明的朋友代替你思考和證券市場有關的事情。」此外，我覺得我們不單是在決策上思想不能懶惰，在使用的方法上，我們也不能全盤抄襲別人，而要融進自己的創見。

單飛是股票族實現命運的必經之路，不追求歸屬是最好的歸屬。我們要剪斷與他人之間的臍帶，經過了市場的大風大浪，才能測試出適合自己的版本，然後展翼高飛，飛到一個連自己都大吃一驚的境界。

第十四課
全程看盤

贏家看盤時忙著比較個股間最新的相對數據
輸家看盤時只關心股價的漲跌

在專業分工的年代中，一個畫家如果不透過代理商，親自站在第一線賣畫，將因時間被切割而成不了氣候。同樣地，我不參與公司的行政工作，我萬般的準備就是為了看盤。看盤時我不只是隔山觀虎鬥，也不會聽天由命，我效法專職的教練，在實戰中考驗自己的心臟強度，而能自主地隨機應變。就像球賽中，一個球隊的教練如果被判驅逐出場，是一項很嚴厲的處分，做股票不看盤，形同自我放逐。看盤不意味自己占了上風，但不看盤則已落居下風，全程看盤是我對股市最基本的尊重，看盤視同作戰。

不分行情好壞　完整看盤體驗臨場感

有些人手中沒有股票或股票套牢了就離開市場，只有當股市好轉或聽到明牌時才歸隊，這時他們才面臨要不要買賣股票的問題。只有在行情好時才看盤，這是業餘者的行徑，好比看棒球賽轉播時，只看支持的球隊進攻，支持的球隊防守時就轉台，或當支持球隊大幅落後時就不看比賽。球場上大勢底定後，剩下的比賽時間叫「垃圾時間」，這時參賽者已無心戀戰，但股票市場卻隨時有大逆轉的機會。

科斯托蘭尼形容證券交易場所像一間昏暗房間，「**幾十年來一直待在屋裡的人，肯定比不久前才進來或進進出出的人，更熟悉這房間。**」因此，不管手中有沒有股票、不管行情好壞、不管老手新手，都要全程看盤，日積月累，自然對價格走勢異常敏銳。

此外，隨時看盤讓我們更習慣多空的更迭，繁華落盡時，心情的落差也不至於太大。即使長空漫漫，我絕不離開市場，我怕自己與市場脫節後，一上場會失去臨場感。

自從二十年前買了第一張股票，我再也沒有空手過。股票套牢時，不意味我就此陷入無計可施的窘境，一樣需要看盤，因為隨時有少輸為贏的機會，而且還能掌握大逆轉的契機。如果說金融操作者在順境時首重爆發力，那逆境中就首重堅韌性。賠錢時，我們不必在乎別人的評價，才能困而知之，突破本身的極限，就像做瑜伽，撐過了最痛苦的時刻，才能突破學習的瓶頸。

台股只須看盤四個半小時，比起全天候交易的金融市場還算輕鬆。外匯市場的霸主比爾・李普修茲，在所羅門公司上班時，他家裡的每個角落都裝上報價螢幕，包括浴室。在《新金融怪傑》一書中，他對自己的夜生活有生活的描述：「你下午五點下班後，外匯市場並沒有跟著睡覺，而且活蹦亂跳。夜深人靜時，當你獨自面對一台閃著綠色數字的機器，心裡承受著煎熬，因為市場走勢對你很不利，而你不知道基本面改變了沒有，或者這只是短期的波動。」

最重要的事：隨時準備成交

根據《新金融怪傑》一書中記載，一九八七年十月紐約股市崩盤前夕，量子基金的操盤人史坦利·朱肯米勒之前做空賺了不少錢，但他認為道瓊指數在二二〇〇點附近是交易區間的強力支撐，指標也顯示超賣，因而在崩盤的前一天，於二二〇〇點上緣運用融資翻多，從淨空頭變成做百分之一百三十的多頭倉。他打的算盤是，萬一市場碰到支撐沒有立即反彈，就要盡快殺出。

隔一個交易日，指數一開盤就急挫兩百點以上，跌破他心中的馬奇諾防線。他把握住一個小反彈，在開盤後的一個小時內出清多頭倉，變成淨空頭。這個經典的故事給了我三個啟示：一、大手筆進場前要先做好沙盤推演，要知道何時必須退出。二、犯了錯，要及時搶救。三、如果不看盤，前面兩項只是空談，因為發現做錯時，道瓊可能已急跌了五百點。

進出靈活，正是小額投資人的強項，可惜的是，小額投資人並不如機構操盤人那麼兢兢業業地看盤，不知道運用自己的優勢，當然落居頹勢。

一般人以為，不看盤就不會受到盤勢的誘惑而亂買或亂賣股票，不會流於短線操作。事實上，能夠看盤是利遠大於弊，如果能全程看盤，又不會憑一時的衝動做交易，才是了不起。

我認為全程看盤不只是敬業的表現，看盤時更可以培養積極思考的習慣。因為我們想贏，所以看盤時很容易集中注意力，可以全神貫注地對紛至沓來的訊息和變動的盤勢，進行拆解、加工、歸納、比較和推演。

因爲我們想贏，所以看盤時很容易集中注意力，對資訊進行拆解、加工、歸納、比較和推演。

看盤也讓我在操作時心情篤定、頭腦冷靜。每當我看錯行情或遇到突發利空，我也會慌亂；但一坐在電腦前，按鍵掃描即時資訊、比較個股的線形和走勢強弱，我專注得聽不到任何聲音。我發現我們的心靈只能容納一件最重要的事，在專心看盤的同時，負面情緒消失了，我在彈指間找回熟悉的節奏、找到著力點。

看盤除了讓我對市況能夠及時反應，也可以經由比較個股盤勢強弱，提高決策的成功率。

一、對市況即時反應。

基本分析和技術分析的最高境界都在於洞燭機先，基本分析要預測基本面的演變，技術分析則是要預測股價是否會突破反壓或跌破支撐，這種洞見需要相當時日的修煉；退而求其次，如果能在基本面數據公布，或在股價突破或跌破的第一時間做出回應，有時還來得及應變。為了提升對技術訊號的預測力和應變力，我全程看盤，並學習描繪五分鐘走勢圖，來感應大盤的脈動。

按五分鐘走勢圖索驥，再沙盤推演

我進入投資公司後，受益最多的訓練，就是描繪大盤五分鐘走勢圖。首先，我將常用的技術指標如日均線、趨勢線、走勢圖中高低點形成的壓力和支撐等，依其目前的位置及當天可能遭遇的反壓或支撐，預先標示於算術刻度的方格紙上。然後，模擬指數在什麼情況下，常用的指標將產生關鍵的變化，將模擬的指數標示下來，例如指數漲到什麼位置，K值將突破D值。最後，開盤後每隔五分鐘，我將每兩個相鄰的指數落點連成一線，標示相對應的成交量，並視需要修正關鍵價位和指標。例如，盤中視需要補畫修正趨勢線，而當盤中指數衝破最近九天的最高價，原先模擬的K、D值也必須修正。

我在盤中留意指數碰到各種壓力或支撐時，有什麼反應？在什麼情況下，指數較可能突破？**當指數向上突破五分鐘走勢圖的關鍵價位，有時也會技術性拉回，令我驚訝的是突破後的拉回，常不偏不倚地在走勢圖上的新支撐點穩住，甚至連指數的個位數都吻合。**我興奮莫名，顯然有不少市場上舉足輕重的同好，也在使用這種細部分解的方法。我持續描繪了五年的五分鐘走勢圖，大幅增加了我印證技術訊號、觀察型態的機會，提升了我對盤勢的應變力和預測力，就像素描之於畫家，我靠五分鐘走勢圖起家。

股市是一個先發制人的世界，一旦搶得先機，後招便會源源而至。正如ＳＮＧ現場直播之於收視戶，看盤提升了我對股市的臨場感，讓我從瞬息萬變的氣氛中，不但捕捉到概括的印象，也注意到很多重要的細節。看盤時，藉由觀察市場最新的消息面、技術面和盤勢的變化，多了很多切入或退出市場的機會。

我看盤時的三大重點：一是成交量，二是哪些股票即將漲（跌）停，三是哪些股價將突破近期或歷史高（低）價。

當冷門股量能持續溫和放大而且價漲，表示需求已經顯現，常是大漲的前兆。我注意哪些股票沉寂已久，成交量開始活絡？哪些股票量大增價不漲，已是欲振乏力？當個股漲（跌）停板鎖住或創新高（低），常是漲（跌）勢延伸的訊號，尤其是久盤後出現的第一根漲（跌）停或突破。

我也注意哪些產業或次產業將會是波段的領導股？此外，我一開盤就開始注意哪些股票開高呈相對強勢？注意大盤委買委賣張數是否過於懸殊？是否會殺（拉）尾盤？

二、提高決策成功率。

基本分析的缺陷，包括資訊的不足以及忽視了群眾的預期心理，即使結合了技術分析，對群眾的預期心理多加著墨，但技術分析也常存有大盤和個股走勢悖離、短線和中線方向牴觸、不同指標發出的訊號多空紛歧等盲點。此外，基本面和技術面也常背道而馳。因此，我們必須在看盤時的每一回合做更精密的分析，並視需要及時修正自己原先的看法，才不會因錯失先機使不上力，而把自己置於險境。

我認為盤勢重於規則，因為盤勢是活的，規則是死的。但看盤時如能活用一些規則，更可以提升成功率。當個股跌深時，我曾經依其季線負乖離率或其他指標，是否到達過去的偏低水準而小量進場，成績差強人意。後來我發現，其實不必那麼急，等大盤跌深後出現第一根長紅，要搶什麼標的，答案就在盤勢中呼之欲出！

所謂「春江水暖鴨先知」，就「股市永遠向前展望」的觀點，大盤第一根長紅時最早漲停的股票，往往代表了大股東或其他比我們更了解這家公司的人，已迫不及待的進場，這些止跌的急先鋒，常是日後反彈的要角。即使反彈只是曇花一現，這些相對強勢股也能讓搶進者從容退場；反觀相對弱勢股可能當天就留下上影線，也許隔天一開盤就沒有好價錢。當然，市場也可能撲錯方向，因此我會「動作確實」地遵守操作紀律，盡速就基本面和技術面，決定是否買進即將漲停的股票。

雖然股市的運作不是幾條規則、幾句名言就能概括，不是純粹機械化的決策過程，但經過我密集的實戰測試，在某些盤勢下，某些特定的方法，由於勝算很高，因而在不知不覺中成為我的標準化作業程序。

例如，當大盤跌深或久盤後出現長紅，我習慣搶最早漲停的個

股；大盤漲多或久盤後出現長黑，我總是先賣出最先觸及跌停的個股。搶進時，原則上越早漲停的個股越好，如果個股漲停同時領先突破近期高點，更是上上之選。但如果該股短線已經急漲，就必須斟酌。

股票漲跌停燈號是投機操作的重要索引，漲（跌）停叫進（出）的個股常意味漲（跌）勢未充分反映。我剛出道時，盤中偶爾會向一位股票做得很好的朋友請教，但他推薦的股票十之八九都已漲停叫進。起初，我覺得他很不夠意思，後來才知道，他最主要的操作模式就是買進即將漲停的股票。

個股日線圖上同樣地出現漲停（或突破），內涵卻可能大異其趣。該股是爆量還是惜售？是否漲停叫進？在幾點幾分漲停叫進？漲停掛進張數相對於日平均成交量是多還是少？在在影響了未來走勢！除非我們盯緊盤面，有些重點等收盤後再看當日股價走勢圖也看不出來，例如：漲跌停掛進張數是否到尾盤才虛掛？

順應盤勢動態調整持股

就像在球賽中，和裁判爭辯只是徒勞無功，因為裁判誤判也是球賽的一部分。同樣地，股市的盤勢不容爭辯，我們必須識趣並妥協，才能及時應變。

盤勢就像篩子，在震盪時可以幫我們篩選出持股的強弱。在漲時重勢的原則下，除了注意即將漲停的股票，我的技術分析選股的主軸，環繞在個股能否率先突破前波高點。因此，多頭初試啼聲時，我買盤面最強勢的股票；漲勢確立或漲勢再起時，我買進領先突破近期新高的個股；多頭拉回時，我選擇抗跌性較強的股票。此外，當行情持續大漲，我也會注意正要轉強的落後股。

個股能否有效創新高，始終是個難題，假突破的數目可能比有效突破的數目還要多！藉由看盤的細部分解，讓我的技術分析如魚得水，例如某支股票雖逢前波高點的反壓，但當大盤拉回跌破當日低點，它卻未跟著大盤跌破當日的低點，甚至逆勢演出，則後市值得期待。我喜歡買進盤面強勢而且線形也相對強勢的股票，尤其是在利空中相對抗跌，甚至持續上漲的股票。

中線多頭行情很少戛然而止，縱使是突發大利空，也常有逃命機會，例如民國九十三年三二〇總統大選後的反彈行情，雙D股獨領風騷創前波新高時，市場廣度不足，揭開大盤大跌一六〇〇點的序幕。除了技術面的警訊外，我體驗到漲勢已達強弩之末的可靠訊號之一，就是盤面的焦點集中在少數所謂「強者恆強」的股票上，就像光靠極少數明星球員的職棒隊，要登頂的難度很高。

此外，當漲升股票的內涵不佳，表示資金後繼乏力，也是反轉的警訊。

晚清名將曾國藩指出，練兵的主事者必須晝夜從事，乃可漸幾於熟。他強調練兵時，要「**如雞孵卵，如爐煉丹，未可須臾稍離**」，這正是投資人看盤時應有的精神。

看盤是最佳的學習平台，可以讓我們從大原則中觀照到小細節。看盤時的點滴，提供給我們在第一時間應對的線索。但我們看盤時不能只是隔山觀虎鬥，或是因為想太多而一直不敢下注。要成為贏家，唯一的捷徑就是走進競技場，呆坐在顯示幕前的操盤手，就像被釘在板凳上的球員，絕對學不會比賽。

第十五課 先開槍，後瞄準

贏家試著做
輸家坐著想

經過二十年的歷練，我更深信投資人可以秉持「先開槍後瞄準」的思惟而成功。這是一種「先進場，然後邊做邊學」的積極主動精神，包括以下兩個層次。

第一、只要對股市有熱情，先開一發頭槍：二十年前我當兵時，誤打誤撞地接觸了股市，覺得做股票既好玩又能以小搏大，在對股市所知有限的情況下，我買了生平第一張股票，從此潛心研究股票。

我想，如果當初我沒有一鼓作氣，而想等到有錢有閒或有十足把握再進場，可能再回首已百年身。

第二、從頻頻開槍中學習瞄準：剛進入股市，我以短線進出為主，在波段行情中常有「該賺而未賺」的懊惱；但每當我改採長期投資的方式，接下來的行情總是大跌。一再地進退失據讓我體會到，在瞬息萬變的股市，與其拘泥於短線進出或長線操作，不如根據市場情勢隨機應變，該出手時就出手。

但我們怎麼知道何時該出手呢？我們剛開始可以藉由頻繁的進出來學習瞄準，經由不斷衡量自己進出時點偏離正確買賣點的誤差，慢慢慢揣摩出正確進出的時機。

藝高＋熟練＝膽大

不論從事哪個行業，最常阻礙我們放手一搏的原因，就是因為害怕失敗。我覺得光是「藝高」的人未必「膽大」，如果再加上「熟練」，更能壯膽。

就像中國籃球明星姚明，以選秀狀元之姿進入美國職籃後，剛開始表現時好時壞，有人建議他學「一代中鋒」賈霸的天鈎，有人建議他學歐拉朱萬的夢幻步法，……但他的教練范．甘迪獨排眾議。他說：「姚明的技術沒問題，他欠缺了一種在關鍵時刻跳出來主宰比賽的擔當和氣勢。」

由於自信心不夠，加上中國人特有的「成功不必在我」的氣度，讓姚明在關鍵時刻竟顯得畏首畏尾。了解了自己的問題後，姚明在關鍵時刻，態度從以前的被動回應轉為主動出擊。

他從每一次當仁不讓的出手中，找到投籃的穩定性和信心，終於可以主宰球隊的勝負，成了名副其實的「移動長城」。從姚明的成長對照我個人在股市的發展，都說明了與其不做不錯或太過拘謹，不如主動出擊，從實戰中找出自己的節奏和對抗壓力的方法。

置身其中而不是隔空觀戰

我們行事之所以退縮遲疑，常常是因為低估了自己的能力或把輸贏看得太重，我們要化被動為主動，可以朝以下五個方向努力。

一、抱持激勵的態度，而不是失敗的態度：外匯市場的佼佼者比爾．李普修茲，當年被調到所羅門公司新成立的外匯部門時，連什麼叫作德國馬克都不知道，整個外匯部門也沒有什麼人真的很懂外匯。

李普修茲在《新金融怪傑》一書中憶起，**「外匯部門的成立，是幾位高階主管聊天時的構想，並不是有人事先寫好書面營業計畫，然後按計畫執行，也沒有從外面找有經驗的人來主持。……被委以重任的主管，他的想法更妙，就是找了幾個人湊在一起，想想看外匯到底是怎麼運作的，讓他們試著去操作，看看能不能賺得到錢。」**

相較於所羅門人的積極進取，有的人遇到新的挑戰時常妄自菲薄或過度謙虛地推託。比如說，要不要踏入股市呢？有人會以「我是掃把星，一進場股價鐵定反轉」，或「好事怎麼會輪得到我」來推託。

就像德國哲學家黑格爾所說：「**自卑往往伴隨著怠惰，往往是為了替自己在俗惡氣氛中苟活下去做辯解。**」

關於金錢遊戲，最難的是踏出第一步。一旦進了場，分出了勝負，贏家更願意冒險，輸家則渴望翻本，不管輸贏，都將激勵我們繼續走下去。亞里斯多德說：「**有些事情，做了才能學。**」我認為做股票正屬於此類，光看別人表演或光是紙上作業，哪知道箇中滋味。還好，做股票的門檻低，只要投入少許資金就可以進場，不必熟悉太多法規，手續簡單，連股票都不必經手，也不怕買到假貨。此外，股票的變現性高，而且下了注後很快就知道輸贏，即使賠錢了，就當作是向先進繳學費，隨時有翻身的機會。

進了場，分出了勝負，贏家更願意冒險，輸家則渴望翻本，不管輸贏，都將激勵我們繼續走下去。

二、試試看，而不是「再看看」：棒球賽中，我們最不願意看到我方的球員站在打擊區，為了等一個更好打的球，動也不動地站著被三振。做股票時，雖然我們看對了行情，但是不是也為了等一個更好的買（賣）點，眼睜睜看著股價漲上去（跌下來）？

時機總是一閃而過

當行情在打底時，我們等待利空消息的釐清；當行情由空翻多時，我們想等補量再進場；當量價齊揚時，我們想等股價拉回起漲區再買。當行情翻多，我們不去找買進的原因，卻專找不買的原因，就在猶豫之間，所有飆漲的、震盪趨堅的、補漲的股票，統統和我們漸行漸遠。我們等市場氣氛好的時候大舉進場，這時行情卻已經有相當漲幅。

當行情越來越好，我們對手上持股的目標價也隨著越喊越高；當空頭確立時，我們想等到股價彈回高檔再賣。當行情翻空，我們不去找拋空的原因，卻專找不賣的原因。我們不論是期待最好的結局，或是做了最壞的打算，結果都是什麼股票也沒賣。

就像科斯托蘭尼所說，「**對猶豫不決的人來說，行情不是太高就是太低，而決定不是太早就是太晚。**」從事後的角度來看，買也錯，賣也錯。因為沒有人抓得到最低（高）價，即使碰巧抓到了，還是會後悔買（賣）得太少。但是，不買不賣更是錯。

因為即使錯過了底（頭）部區，在底部和頭部之間，不乏可觀又容易操作的差價空間。

如果我們經常持有「下一個買（賣）點會更好」的心態，美其名是在追求完美，其實我們的潛意識裡害怕犯錯，所以只想做穩賺不賠的買賣，因此對交易變得挑剔。但我們會把事情拖一天，就會拖兩天。這不僅錯失先機，一旦消極慣了，形同自廢武功，因為這樣不但會腐蝕我們的判斷力，還會讓我們充滿無用感。所以，美國前總統哈利．杜魯門才會說：「**不完全的行動勝過完全不行動！**」

只要我對行情有幾分把握，我以分批進出的方式，先求主動參與，再伺機積極擴大進出規模。

三、判定，而不是搖擺不定：在日常生活中，由於害怕失敗或為了怕麻煩，我們常存有「一動不如一靜」、「不要做說不定比較好」的心態。在股市中，由於交易成本、對股票的依戀感，以及股市的高度不確定性等因素，投資人這種安於現狀的心態更為嚴重。

研究指出，當我們掙扎於是否把持有的某支股票更換成新標的，如果我們採取行動，在考慮交易成本後，新持股的表現遜於舊持股，那麼這種「作為後悔」所帶來的痛苦，比不採取行動，而新目標的表現優於舊持股要強烈得多。

「作為後悔」之所以比「不作為後悔」更強烈，乃是因為我們對原先的股票許下了贏錢的承諾，也對它產生依戀感。持股越久，可以選擇的投資標的越多，我們越可能選擇「不要換說不定比較好」。

此外，因為股市充滿了不確定性，也助長了這種「說不定」的僥倖心理。股市中當然沒有絕對肯定的事，但我們總可以採取一個勝算相對較高的方案，也不必等到事情明朗了才做；除非評估的結果是「不做」比「做」好，否則我們就要採取行動。

你可以犯錯

四、抱持機會成本觀念，而不是成本觀念：我們同樣都會因為錯過最佳時機而買不下手或賣不下手，但為什麼說「賣股票比買股票更難」呢？由於對持股的依戀感，我們原本就傾向於「不賣股票比賣股票好」，如果股票是賠錢的，因為無法坦然面對虧損實現的痛苦，我們更是賣不下手。

根據心理學家阿摩斯．特弗斯基和丹尼爾．卡內曼的研究，賠錢的痛苦遠大於賺錢的滿足，比重大約是二．五比一。除了虧損一實現立即帶來痛苦，我們更害怕萬一認賠後股價上漲，造成二度傷害。

因此，當情勢對我們極其不利時，我們常讓情緒凌駕判斷，自欺欺人地安慰自己「不賣就不賠」，或虛張聲勢地說，「等跌下去再加碼攤平」，就像賭徒賠錢時，堅持留在場內，幻想著馬上會拿到足以翻本的好牌，以致越賠越多。

我不會用整數關卡或損失達到百分之多少來設停損，我用的是自由心證的停損。比如說，當股價跌破近期底部，我會考慮該股是領先大盤破底，還是相對抗跌後才破底，再參考其他技術指標或基本面的數據，來決定減碼的幅度。

由於不認輸而引發的反應模式中，最危險的莫過於「加碼攤平」。因為，剛開始賠錢時，我們常急著扳平，這時思考事情的層面變得很狹隘，以至於經常太早加碼而接到手軟；等股市大跌到快見底時，我們反而已經死心而不聞不問了。事實上，「加碼攤平」的操作模式，較適合於資金雄厚的定時定額基金或意在購併他人公司的財團。

就算股市已經見底而想要加碼，在機會成本的考量下，我們也該選擇最有上漲潛力的個股；因此，除非我們套牢的股票仍具優勢，否則我們把它換掉都來不及了，怎麼可以因循地就套牢的股票加碼攤平呢！因此，「加碼攤平」不是說不可以，重點在於這不該是事先規畫好的，而是後來才評估的。也就是說，不要在股票正要大跌時，就計畫等股價跌到什麼價位加碼攤平，而錯失賣出時機。

我有一位朋友，他在民國七十九年台股崩盤時，眼看大勢已去，卻狠不下心認賠殺出持股，只好委託別人代為出脫而逃過一劫。這麼做雖然段數不是最高，畢竟還是達到了目的。但如果我們可以學會調適自己的心態，不必依賴別人，當然再好不過。

我們可以從球場上學習如何面對失敗。美國職棒歷年最佳打擊率不過三成七，換句話說，失敗的打擊才是常態。同樣地，在捉摸不定的股市，成功與失敗總是如影隨形，不怕輸的人才能贏，但光是不怕輸還不夠，我們還要停損認輸。

此外，高手過招，贏的次數並不是那麼重要，更重要的是贏的品質，所以棒球世界中除了用打擊率，還用打點，尤其是勝利打點，來衡量球員對球隊的貢獻。在股市，掌握贏的「品質」就是，**應該大賺時，少賺就是賠；應該大賠時，少賠就是賺**。巴魯克說過，「**即使每十次只做對三四次，也會成為富翁**」。他講的情況有兩種，第一種是有把握的時候玩大一點；第二種是贏錢時獲利率高，賠錢時損失率低。當然，贏錢的期望值最大的情況是，大量加碼在成功率和獲利率都很高的操作上。

既然「賣股票」比「買股票」棘手，為了掌握「贏的**品質**」，我從「買股票」下手。當股市尚未翻空，我用機會成本觀念取代成本觀念，在汰弱換強的原則下，只要能找到更會漲的標的，由於資金有限，或為了控制持股比率，我手上賠錢的或牛皮的蹩腳貨就必須剔除，即使是賺錢的股票，也不怕賣得太早。

當大盤剛開始翻空，我常渾然不知，這時如果藉由換股而能換到相對強勢股，還可以爭取到多一點的逃命時間；即使行情明顯偏空，我也可以藉由比較個股的優劣來多空兼做，以降低淨多頭部位，但這時執行停損、盡速減少持股最是單純。當日線長黑，只要能賣掉一些股票，不管是出在什麼價位，最起碼讓我覺得自己並不是毫無招架之力。

五、操練，而不是光說不練：要克服前面提到的失敗主義、追求完美、搖擺不定和成本觀念等心理陷阱，最有效的方法，就是不斷地練習。

我覺得投資人最常見的迷思，就是聽了某某投資大師的傳奇事蹟，也不考量自身實際狀況，就跟著採用「買進並持有」的策略；更有人根據某些研究舉證的「投資人持股周轉率越高，報酬率越低」，而鄙視短線操作。

過去：看到黑影就開槍

這個舉證可能沒錯，卻是倒果為因。我相信很多高手都是經過頻繁交易的基礎訓練，才懂得慎選出手時機，報酬率也才因而提升。周轉率高，如果意味著持股越換越好，那絕對是件好事。

經驗法則對我們最嚴重的誤導就是：失之交臂的賣點，只要等得夠久，似乎都還會重現，造成我們一旦錯過好賣點，就乾脆抱牢持股。但即使股價只是正常的拉回，如果拉回的幅度相對較大，該股可能已不再是市場的主流股了，萬一接踵而至的是空頭市場，解套更是遙遙無期。不管是哪一種情況，我們都白白浪費了其他賺錢的機會和操練的機會。因此，發現不對勁時，不要惦記著本來可以賣到什麼價位，出了場，隨時都可以再進場。

後來我才發現，我以前持股的「有賺就賣」，美其名是「見好就收」，其實是害怕行情反轉；更令人驚訝的是，我發現這種心態竟與有人持股經常不動如山的原因如出一轍，都是因為害怕做錯。如果把交易比擬為扣扳機，別人是不敢扣扳機，而我常因市場的風吹草動做出回應，就像看到黑影就亂開槍。

但同樣是因為無知而害怕，我覺得亂扣扳機又比不敢扣扳機更勝一籌，因為不敢扣扳機，就不會深刻地感受到預期和現實之間的差距，不能謀求改進，但如果能從亂扣扳機當中點燃想要命中靶心的欲望，就可以步上「雖不中亦不遠」的階段，進而提升至「邊開槍，邊瞄準」的境界。

現在：邊開槍邊瞄準

對我而言，短線進出的另一個好處就是看多了輸贏，讓我對勝負較能適應。我更從短線進出中縮短了學習時間。多頭時，雖然同樣是短線進出，但我已從原來的「先賣後買」進步到懂得「先買後賣」。多頭時，我原本常因淺嘗即止而賣掉持股，眼見行情看回不回，只好找尋下一個標的；後來，我先買進更為看好的股票，因為資金有限，不得不把手上的持股割愛。此外，多頭時，每天的行情常開平走高，這種先買後賣的方式還讓我多賺了差價。

每個行業的成功之道，都在於「知道什麼能做，什麼不能做」，但所謂「什麼能做，什麼不能做」，常只是別人的觀點。除非盲目地做了許多不該做的事，我們如何真正知道什麼能做，什麼不能做呢？

因此，除非做的事會動搖根本，否則「做了，就是對的」，一個匆促的行動勝過沒有行動，一個不好的結果勝過沒有結果。做股票這種事，光靠研究、推敲是行不通的，惟有從積極的實戰體驗中思索，這樣的融會貫通才不會很快消失；但我們還要藉由不斷地操練，對市場保持高度的敏銳性，當機會來臨，就可以很快地找到自己的最佳狀況。

第十六課 知識決定思路

贏家切入問題核心
輸家圍著問題打轉

和大多數人一樣，我也曾過度依賴明牌做股票。發現這個方法行不通後，我慢慢摸索出一套標準化的操作模式。比如說，對於上市公司剛公布的獲利，我從電腦資料庫中對照該公司最近幾期的營收和獲利，扣除非常態性的業外損益，判斷是否合乎預期；然後，對於感興趣的股票，我審視其技術線形，觀察盤中走勢，決定是否採取行動。同樣地，我還可以從技術面或盤勢來選股。這樣的操作模式一旦定型了，就可以反覆運用。

快與準背後是千錘百鍊

但我發現，操作模式就像運球技巧，可以帶我們到球門前，卻不能幫我們得分，況且，股票操作的瓶頸不在操作模式，而是模式中涉及的知識，例如，影響後市的正反面變數中有許多種可能的組合，我們該如何取捨及解讀？

我慢慢發現，如果我們平常碰到問題時能反覆假設、求證，從中理出一些條理，等再次碰到類似情況，就能很快剔除不必要的資訊和選項，直接切入問題核心，正如禪師鈴木俊榮所說：「**初學者心中可能性很多，專家心中可能性很少。**」我認為股市高手之所以出手快，並不是訓練時刻意求快，而是因為見多識廣，所以思路敏捷，也就是說，知識決定了思路；而且，「快」與「準」也不是獨立事件，而是千錘百鍊後的一體兩面。我在股市的這些心得，也可以從其他領域得到佐證，尤其是從西洋棋技。

西洋棋技由於容易評定等級、分解、測試，也便於在比賽廳中觀察，因而成了科學家檢驗思考理論的最佳依據。研究指出，棋技越高超的西洋棋手，不僅下得更好，也下得更快；另一研究發現，在一般性的記憶測試中，表現不會優於平常人的西洋棋特級大師，對於看過幾秒的典型棋局，記憶力相當驚人，但對於隨機擺設的棋局，棋技和記憶正確性之間的相關性就不甚明顯。由此可見，這種特殊的記憶能力必然是訓練的結果。

二〇〇一年，德國康士坦茲大學利用腦磁圖觀察棋士和電腦對弈時，以棋上腦子內各部位活動的高低，來探討他們思考的途徑。結果發現，業餘棋手常忙著分析不尋常的新棋步，而特級大師則擅長從長期記憶中擷取資訊。這同時解釋了特級大師之所以對典型的棋局有驚人記憶力，而且出手更明快精準，乃是因為他們在長期記憶中建立了量多質精的資料庫，所以能信手拈來。

綜合西洋棋和股市，我們可以這樣解釋：功力平平的人總是忙著思索新策略和新技巧，但棋藝大師和股市高手用的方法已經**定型**。這些頂尖者長期以來，把各種局勢和結果連結，慢慢詮釋出這些局勢背後代表的意義或背後運作的**力量**。由於觀察的次數夠頻繁，這些連結的影像深深地刻畫在腦中，一碰到類似情況，腦海裡自然浮現出相對應的**結果**。

科學家對西洋棋士的研究，顛覆了以往「思考與長期記憶不能並存」的說法，證實了專業人士的「思考」，常常只是把再熟悉不過的知識，從長期記憶中拿出來排列重組而已。這樣的心智結構有三大特點。第一、大量的知識黏附在記憶上，不再消失；第二、這些知識就像便條紙，很容易從記憶中提取；第三、抓出來的知識，必須適切地重新組合。

成功需要邏輯、取捨與組合

一般而言，我們對於感興趣的知識、加工過的知識或反覆認知的知識較不會忘記。因此，為了讓短期的理財記憶能夠存檔於長期記憶區，我們首先要對股市感興趣；接下來，我們必須把學習內容結構化，就是在輸入資料時，經過釐清、篩檢、分組等分析的過程，用符合邏輯的方式，或結合圖像，讓片段的資訊連結，內化成知識網。這樣一來，即使我們忘記了一些細節，也可以很快透過一脈相承的邏輯來推理，重建特定的細節，而不必動用太多迴路來回憶；此外，我們還要不斷的溫習，隨時檢視、汰換知識庫的內容，除了累積經驗，我們還要拉高視野，從練習中形成觀點。總之，為了提升知識庫的質量而且方便提取，我們要做到以下三點：

一、不受制於社會觀點或操作規則。

我認為做股票最基本的心態就是要有批判心，不人云亦云，不迷信權威，凡事不預設立場，不習以為常。

投資人最大的偏見就是「技術分析無用論」。我覺得相較於基本面的資訊總是來得太晚，技術面的資訊顯得更具前瞻性；而且，技術分析大多借助圖形，更有助於記憶和提取。今天，用圖像訓練來開發右腦逐漸受到重視，但早在十幾年前，教我技術分析的老師，就已經指導我們用圖像配合邏輯來思考。他除了告訴我們從走勢圖的型態、趨勢線角度和常用指標，解釋相對應的市場心理，並和後市的漲跌做連結，還教我們一種另類的正反面思考——把走勢圖正著看，也倒過來看。

在這之前，我一向偏多，手中沒有股票就寢食難安，因為對持股懷有期待，因而只挑自己愛看的資訊，往往對底部型態反應強烈，對頭部型態視而不見。把走勢圖倒過來看以後，原本不痛不癢的頭部成了扣人心弦的底部，我也因此而敢放空。

除了要擺脫自己和世俗的定見，我們也不能被市場上的成規所拘束。我曾經看中一塊農地，但問題出在農地中央橫亙著一條馬路。告知賣方後，他說：「路，可以改道啊！」一語驚醒夢中人！我領悟到，我們平時賴以行事的原則就像是道路，雖然縮短了決策的時間，增加了我們的安全感，但**如果硬性規定自己一定要這樣、一定要那樣，只會阻斷我們的思考，錯失許多意想不到的風景。**

此外，惟有通過自己實戰驗證的市場操作原則才能據為己用，而且還要適時修正自己驗證過的原則。例如，以往投資人喜歡追逐即將大幅增資的個股，因為這意味著公司派做多，但在籌碼氾濫的今天，配發現金比例較高的公司和展望良好的減資股，反而最容易受到青睞。

二、積極操練和思考。

導演賴聲川在他的《賴聲川的創意學》一書中提到，他在排《那一夜，我們說相聲》時，導演侯孝賢正在拍《童年往事》，他問侯導：「你覺不覺得創意像一台大機器？」侯導回答：「是啊！我覺得我已經進到機房了，可以看到所有儀表板和按鈕。」賴聲川對侯導說：「我看得到機房的門，但還進不去。」如今，賴聲川已自成一家，但他認為，在先前那個不知從何起步的入門階段，這個比喻很重要，讓他看到創意工程雖然複雜，但只是一種機械性的複雜，只要熟悉就可以操作。

預感是敏銳度的延伸

同樣地，做股票也是一種可分解、可學習的流程。如果我們認為做股票靠的是內線或運氣，永遠進不了「機房」的門；如果我們認為做股票靠的是觀察和邏輯，就已經接近了「機房」的門。一旦進了機房，基本面和技術面的龐雜因素和指標，就像是星羅棋布的儀表板和按鈕，在一次次的操作後，我們慢慢學會如何運作，也知道哪些因素和指標才是關鍵，這是邏輯分析的部分。

但是重要變數間常互相牴觸，哪一個才是影響未來的最重要變數呢？加上不確定因素實在太多，純粹機械式、條理分明的分析也會不管用。有時我們對盤勢說不出個所以然，也沒有前例可循，卻面臨抉擇，這時我們需要的是預感。

但預感是怎麼形成的呢？**我認為正確的預感或直覺不是突發的頓悟，而是敏銳度的延伸。**不管是理性的思考或非理性的直覺，都是訓練過程中的不同次第，從理性的分析，累積足夠的感動與智慧，才能產生正確的直覺。就像傑西．李佛摩所說：「**惟有對市場走勢敏感、同時又以科學的方式在尋求價格變動的人，才能對即將來臨的危險有強烈的感覺。至於在看多和看空之間投機追逐的人，只能針對口耳相傳的消息或報章評論來產生所謂的感覺了。**」

三、拉高視野。

我有個朋友，他的老家在苗栗通霄，他父親那一輩共有十幾個堂兄弟，有的留在家鄉務農，有的從小離家出外討生活，我朋友的父親選擇到台北拉三輪車。來到都市發展的人見多了世面，較有想法的人，就請求自己的父親賣掉家鄉的田地到都市置產。但是，得到的回答不外乎「田地賣了，我們吃什麼？」或「台北的土地不是和通霄的長得差不多？」只有我朋友的父親這一房達成共識，他們賣掉故鄉的土地，換了新北市中和的一塊地，靠著這塊地致富。

由此可見，即使是三輪車夫，如果視野遼闊又肯動腦筋，也看得清出路，就像從前在台北市看不到海，只因為站得不夠高，現在有了一〇一大樓，就可以看到海。

民國九十五年，華人油畫相繼破億元，一般收藏家早已買不下手。但如果從國際觀點來看，名家級的華人油畫價格仍遠遠落後西方同輩藝術家，在頂級華人富豪購買力激增以及華人意識抬頭的推波助瀾下，突破一億元的心理關卡，似乎宣告華人油畫精品從此進入瘋狂的境界。

同樣的道理，民國九十五年十一月，台股指數來到七二〇〇點，近幾個月來的漲幅超過一千點，有的投資人因漲幅已大而看空。但我認為，蟄伏於台灣的中實戶，鑑於國際股市這幾年的飆漲，無不渴望在民國九十七年政治面底定的前後，把過去六年來少賺的錢一次賺回來，加上轉戰到香港和中國股市的聰明錢，在股滙雙贏的情況下可望回歸，近期這一千點的漲幅，可能只是大行情前的暖身。

初學者剛進入某個新領域時，總是進步神速，但往往到達一定的程度後，因為鬆懈或遇到瓶頸，表現往往停滯不前。要達到「無人能及的深度」，除了動機要夠強烈，如果能涉足相關領域，不但在原有的領域可以觸類旁通、豁然開朗，在新領域中也會進步神速。

像我一個大學同學，不僅台股做得好，對房地產行情嗅覺也很敏銳。長期以來，他全家人放假時最大的娛樂，就是到處看剛推案的房子、待售的二手厝或土地，順便遊山玩水。記得六年前，我們的母校為了開發竹北新校區而寄來了募款通知，我第一個反應是「辦大學怎麼像在開量販店」，而他的反應則是「竹北新校區周邊的土地要漲了」。這樣的差別，正印證了大腦研究學者史蒂文．平克所說：「**是的，你的知識決定了你感知到什麼？**」

研究發現，人的一生當中，只運用了百分之三到百分之四的腦力，因此，我們的平凡不是因為智商不夠，而是因為腦力低度開發。

低度開發的原因，不外乎是凡事為了安全感或為了求速成，而墨守成規或期待別人給答案。在股市這一行，自主、勤勞又能拉大格局的人才能累積知識、創造價值。做股票就跟從事其他行業一樣，成功人士的共通特質就是，他們在呼吸之間都與自己的專業同在。因此，如果我們除了看盤外，在休閒時也常思索股市的問題；如果我們不只是隨時做頭腦體操，也可以從實戰的探索中積極地驗證自己的想法，那麼有朝一日，我們也會有「趨勢這麼明顯，別人怎麼看不出來」的驚訝和自信。

成功人士的共通特質就是，他們在呼吸之間都與自己的專業同在。

第十七課

從節奏感到穿透力

贏家揣摩操作原則，愈磨愈利

輸家任憑感覺出招，時好時壞

在各項運動競技中，高手過招，誰較能掌握比賽的節奏，往往誰就是最後贏家。同樣地，在股市投機，擁有操作節奏感的人才能勝出。操作的節奏感就是從亂無章法中找到秩序或規律，知道如何應對進退的能力，比如說知道個股要做多還是做空、做長還是做短，以及掌握個股輪動的能力。擁有節奏感，操作上才能行雲流水、攻守有據。

先有節奏感才有穿透力。穿透力是能準確預測未來的能力。擁有穿透力，才能領先市場，決策時才能明快、果斷。看的市況夠多，我們從知道下一步該怎麼做的節奏感中，慢慢可以培養出知道往下幾步將會怎麼樣的穿透力。有了穿透力，能夠看得更遠，操作的節奏又可以更加明確。

撒了網如何滿載而歸

二十年來，我每次遇到災難性大跌，損失大多不太嚴重，每次遇到瘋狂的漲勢，卻總是滿載而歸。這一路走來的幸運，可以用喬治·

克雷森的話來作為注解。他說：「一個幸運的漁夫，源於他多年來努力研究魚性和風向變化，使他掌握成功撒網的訣竅。機運是十分傲慢的女神，她不會浪費時間在那些毫無準備的人身上。」我這個幸運的漁夫，二十年來，也確實在每個交易日，學習如何掌握撒網的節奏。我每天努力地研判大盤多空趨勢（風向變化）、個股內涵及線形（魚性），同時依照自己設定的操作原則，看盤時自律地操作（撒網）。

在努力與自律的過程中，我發現到，我們在操作節奏上最常見的問題包括：會漲的股票買太晚或賣太早、會跌的股票賣太晚或買太早，以及不會漲的股票留太久。雖然我們不可能操作得很精準，但可以揣摩出一些原則來拿捏進出時機，績效的好壞，取決於投資人是否擁有或掌握以下三個要素。

一、不只想賺錢，還要有熱情：

第一次到號子看盤，我興奮的想要知道股價為什麼會上下跳動，想要了解市場運作的方式，很想買一張股票試試，就像一個闖進玩具店的小孩，急著想要知道那些新玩具怎麼操作，看看能不能買一些回家。後來，我從積極換股中學習操作，感受到股市中蘊涵的最大樂趣在於尋找明日之星，股市不僅是個競技場，也變成我的選秀會。

一個投資人如果不談利潤，難免有點虛假，但如果開口閉口都是錢，也成不了大氣候。太在乎金錢的人，只能賺一把是一把，常只看到眼前利益，看不到大的方向，不會投資時間去建立一套長期可以適用的方法；太在乎金錢的人太想贏，難免會綁手綁腳，他們賠錢時度日如年，但賺錢時也未必好過，因為股市的錢永遠賺不完，他們常常會有「這裡少賺，那裡也少賺」的後悔，因此亂了節奏。

面對壓力時，要能掌握節奏、不自亂陣腳，靠的是平常心。培養平常心的唯一途徑，就是走向競技場，從數十年如一日的實戰測試中，從成千上萬次的輸贏中，去適應失敗和成功。熱愛交易的人，才能自在地把投機當事業，他們不會計較一天要工作幾個小時，不厭其煩地從操練中導出一個系統性的方法，讓自己的操作變成一個良性循環的過程；熱愛交易的人，隨時準備成交（但不一定要隨時成交），不必選定良辰吉日才進場。

對我而言，交易本身就很迷人，賺錢只是錦上添花，即使股市全面下跌，也未必全是壞事，因為不只股價變便宜了，我還可以從相對抗跌股中尋找潛力股。

我不但把投機當事業，也學習運用經營事業的原則來操作股票。假設一個生意人開了兩家公司，一家賺錢，一家賠錢，他會怎麼做呢？他絕對不會輕易結束賺錢的公司而留住賠錢的公司，反而會加碼投資賺錢的公司，因為「賺錢」表示走對了方向。同樣的道理，做股票時，我應該傾向先考慮賣掉賠錢的股票，加碼賺錢的股票。

學習在利潤和心理取得平衡

熱愛交易的人操作時融入遊戲當中，好奇心凌駕於得失心，好奇心驅使他們試著找出股價的規律性，在大起大落時，多了一點超然物外的心情。比如，對於手上一支能續創新高的股票，我抱著「我要看看它會漲到哪裡」的好奇心，這樣比較抓得住波段行情；對於手上沒有的、續創新低的股票，我抱著「我要看看它會跌到哪裡」的好奇心，這樣才不會過早搶反彈。

二、比技術，還要比心理：

投資學教導我們如何在可接受的風險下，讓財富最大化。但是，人畢竟不是機器，人性的弱點使得實際運用這些投資理論時困難重重。比如說，投資人喜歡分散持股來降低風險，但卻沒有按照投資組合理論所說的，把不同的股票看成是一個投資組合，不在意個別股票的盈虧，並藉由換股操作來創造最大獲利。

既然每個人都有弱點，我覺得做股票時最重要的認知，就是**不必強求利潤最大化**，但也不能全盤縱容自己的心理，例如為了得到安全感，決策時從眾、迷信明牌或只敢低接股票，而是要在利潤和心理之間，找到一個平衡點。

我發現交易與心理實為一體的兩面，先了解自己才能了解交易。某些負面的心理層面，可以經由選擇適當的交易方式來妥協，例如，我用投機的方式來遷就自己的缺乏安全感；也有些心理層面可以藉由交易方法來導正，比如說，我用機會成本的觀念，來破除成本觀念的迷思，讓我能夠積極換股，並以「分批進出」的方式，來克服自己個性上的優柔寡斷或一時的衝動。

有時即使我該做的功課都做了，但對於行情還是毫無頭緒，心中七上八下。但往往等到一開盤，隨著盤勢的發展，我又可以很快找回熟悉的基調，一步接著一步走下去。因此，我相當重視看盤，看盤讓我跟得上市場的節奏，讓我比較有安全感。不管賺賠，我學習不讓自己的情緒過度激動，這樣才能把注意力集中在盤勢上，才不會亂了節奏。

不會重押某檔股票

股票只是籌碼，我不會對它們眷戀。其中，低價股已反映或潛藏著財務上的弱勢，而中、高價股的股價往往已經經過十倍、甚至二十倍本益比的「灌水」。所以，我對股票有種徹底的不信任感，我認為任何股票都是壞股票，除非它的後市看漲。對於深具危機意識的我，抱牢持股做長線，風險實在太高。我也不習慣把資金集中在少數幾支股票，還會適度地汰弱換強。如果我強烈看好的某支股票占了我太高的資金比率，股價卻不能如預期般的迅速表態，我就會先行減碼，寧可等時機更成熟時再追高加碼。

我的資金有限，只要能找到漲速會更快的標的，沒有哪支股票是非賣品。我認為要看透大盤趨勢較難，但要看清個股相對強弱顯然容易多了，因為個股經過比較就有優劣。只要選股選得好，大盤走多時可以多賺，誤判大盤走勢時，也會少賠。調整持股，除了讓我獲得更高的績效，也像身體的律動，讓我心理更加平衡。

我發現「見好就收」的心態常會干擾操作節奏。「見好就收」除了代表我們眼光短淺，更是由於害怕失敗，而不敢挑戰更高層次，所以永遠學不會拿捏進出時機。

籃球賽中到了最後一節，我們常看到分數大幅領先的一方，故意把節奏放慢而且採取守勢，卻突然變得不會打球了，以致情勢逆轉。

在一場籃球賽中，贏多、贏少結果都一樣，領先的一隊抱著「不求多贏，只求低空掠過」的心態，尚情有可原，但在金錢遊戲中，大賺和小賺之間，卻有天壤之別。

如果我們在多頭市場賺了一點錢後，就急著減碼或轉進漲勢落後股，形同給自己火熱的手感潑了一盆冷水。我也曾因為股票賣得太早，基於安慰心理，轉進落後股，但落後股常常漲時沒份，跌時跑第一。看著別人股票上漲，而自己的偏偏不漲，實在是一種折磨，而且還得掙扎於要不要換股。

走多頭　攻擊是最好的防禦

因此，在多頭市場，我篤信「攻擊是最好的防禦」，我乘勝追擊，希望手上持有的都是最會漲的主流股；即使要買進落後股，我也會等它們突破盤整時才積極介入。對於一檔股票，我發現**如果從一開始就抓對了積極介入的時機，一開始就賺到了錢，往往可以很順暢地一路加碼**，這有點像在開車，如果抓對了脈動，通行無阻的過了一個綠燈後，同一條路上，迎接你的，全是綠燈。

如果抓對了脈動，通行無阻的過了一個綠燈後，同一條路上，迎接你的，全是綠燈。

三、建立操作原則，還要遵守操作原則：

操作原則是投資人預測指數或股價下一個重要變動的依據。我很驚訝地發現，一般人對於自己為什麼要做某一筆交易，往往說不出個所以然，他們的經驗告訴他們應該怎麼做，但這只是反射式的「感覺」，他們並沒把經驗加工，形成系統化的、嚴謹的操作原則，難怪績效時好時壞。單憑感覺做股票的人，績效甚至比單純「用猜的」還要差，因為前者的情緒常會被誤導，而且認知常有偏差。

一般人建立操作原則時最大的錯誤，就是浪費太多時間，想要找出起漲點和反轉點，以便能夠買到最低價、賣到最高價，一旦不能在底部或頭部一次搞定，失之交臂的價位常會盤據心頭，因而亂了步調。我覺得買到最低價、賣到最高價是很難掌握的，其中帶有很大的運氣成分，《財訊》雙週刊創辦人邱永漢先生，甚至認為這是不道德的。

為了不會過早搶反彈（或錯失波段行情），我寧可等市場自行決定了底部（或頭部）後，再採取應對措施，要不然就是藉由換股操作，抓住個股漲勢中間容易操作的部分。有時候，我覺得做股票就像吃魚，要去頭去尾的吃，如果魚頭和魚尾都要吃，很容易被魚刺卡到喉嚨。根據我的觀察，即使能夠僥倖地買在底部附近，有時候股價卻盤底很久；縱然股價馬上上漲，我們也常認為已經賺夠了，而輕易結束部位。

完美操作是懂得買、捨得賣

要建立操作原則很費工夫，因為這些原則一定要有統計上的根據，所以驗證的次數要夠多，因此，如果建立了操作原則而不遵守，實在是暴殄天物。建立操作原則很難，但更難的是遵守操作原則作決策，尤其像我的操作原則須配合自由心證，沒有實際設定執行價位，不像機械式的系統，能夠明確地發出進場與出場的訊號，因此，我更需要足夠的自律精神。

不管大盤處於震盪區間或是多頭趨勢，我換股操作的方法都能賺到錢。當空頭趨勢疑似形成時，我根據線形，通常看壞的股票多於看好的股票，賣得多，買得少，自然而然也就小幅減碼了；等到發現大勢已去，我才真正面臨迅速減碼的壓力。曾經，要減碼時，面對賠錢的股票，我常顯得猶豫，因為這還涉及自尊心的問題；後來，我用整體持股的獲利來看，而不單是考慮某支個股的盈虧，只要整體持股獲利回吐的幅度控制在合理範圍內，對我而言，那就是完美的操作。

最容易干擾我們建立或遵守操作原則的，還包括過度迷信明牌或權威人士的看法。依我看，這些過度依賴別人的人更是大賭徒，他們妄想不費太多力氣就能致富，而把命運交給別人。當發現不對勁時，他們往往因為有所期待或為了等下一個指令而動彈不得。

我們可以借用別人的材料，但不能被別人的觀點牽著鼻子走。如果能根據自己的選股原則，獨立創造明牌，我們將會發現，會漲的股票永遠買不完。我們也不需要別人掛保證，因為市場的變數那麼多，不是誰說了就算數的。此外，太過度重視別人的意見，還會耽誤作決策的時機。像我喜歡買進領先創近期新高的股票，如果我鎖定的對象似乎即將往上突破，我還打電話向別人請教可不可以買，可能等問好以後，股票已漲停買不到了。

對我來說，做股票不僅是一種輸贏，也是一種遊戲。**我在市場上**

測試自己的價值，學習如何做一個承擔風險的人。我終於能夠掌握股市的脈動，跑在趨勢之前，不僅沉浸在賺錢的樂趣中，更對自己的眼光感到佩服。

但股市對我而言，仍舊是個詭譎多變、充滿驚奇的戰場。想當年股市四大天王，「固一世之雄也，而今安在哉？」因此，我時時警惕自己，在操作上必須保持彈性，心理上必須保持飢渴，態度上必須保持謙卑，否則馬上會受到市場反撲。我熱中交易，以繳交證交稅為榮；我迎接勝利，自信但不自我，也學習如何接受並控制虧損；成功時我心存感激，失利時我不怨天尤人。在股市，我不需要每天穿戴整齊就能討生活，還體驗了起伏更頻繁的「股市人生」。我願效法大投機家科斯托蘭尼，在股市中活到老，「玩」到老。

投資贏家系列65

書　　名／股市大贏家－我用K線寫日記（10萬暢銷版）
作　　者／陳進郎
責任編輯／陳怡甄
總 編 輯／許訓彰
封面設計／黃聖文
內文排版／葉冰婷
行銷經理／胡弘一
企畫主任／朱安棋、林苡蓁
行銷企畫／林律涵
印　　務／詹夏深

出 版 者／今周刊出版社股份有限公司
發 行 人／梁永煌
社　　長／謝春滿
地　　址／台北市中山區南京東路一段96號8樓
電　　話／886-2-2581-6196
傳　　真／886-2-2531-6438
讀者專線／886-2-2581-6196轉1
劃撥帳號／19865054
戶　　名／今周刊出版社股份有限公司
網　　址／http://www.businesstoday.com.tw

總 經 銷／大和書報股份有限公司
製版印刷／科樂印刷股份有限公司
初版一刷／二〇〇七年七月
二版一刷／二〇二三年一月
定　　價／三五〇元

ISBN 978-626-7014-92-9

國家圖書館出版品預行編目資料

股市大贏家：我用 K 線寫日記 / 陳進郎著.　--二版.　--臺北市：
今周刊出版股份有限公司, 2023.01
面；　公分.　--（投資贏家系列；65）
ISBN 978-626-7014-92-9（平裝）

1. CST：股票投資　2. CST：投資技術　3. CST：投資分析

563.53　　111019320